Deloitte. トーマツ.

Q&A
業種別会計実務 8
建設 第2版

有限責任監査法人
トーマツ【著】

Construction

中央経済社

第2版　はじめに

　建設業界は1980年代のバブル経済で大きな拡大と発展を遂げましたが，1990年代はバブルの崩壊で大きな損失を被るとともに，多くの建設会社が破綻し，その後公共事業投資の減少により更に厳しい状況が続いていました。しかし，昨今では，2011年の東日本大震災による復興需要や国土強靭化政策，オリンピックや都心部での再開発プロジェクト等に支えられ，堅調に推移している状況です。一方，新型コロナウイルス感染症の拡大により，その収束時期やその後の経済情勢によっては，建設需要等にも影響が出る懸念もあります。このような環境の中，会計面に目を向けると，日本の会計基準の国際化が進んでおり，建設業界にも大きな影響を与える可能性のある「収益認識に関する会計基準」が2021年4月1日以後開始する年度の期首から強制適用となり，その導入が迫っています。

　本書では，建設業のビジネスの特殊な面を中心にその会計処理，税務上の取扱い等を具体的に記述するように心がけました。

　工事契約の会計基準が適用され，工事進行基準の適用が広がったことによる実務上の課題や，海外工事，JV工事など特殊な論点についてもわかりやすく解説することを念頭においています。また，前述の「収益認識に関する会計基準」が今後適用された場合の主要な論点についても，できる限り取り上げています。このほか，税務上の取扱いについても可能な限り解説を加えました。

　本書は以下のような構成で記載しています。

　まず，第1章では，建設業全体の概要を説明し，業界の特徴，取引慣行等について説明しています。

　第2章では，建設業における財務諸表の特徴を分析し，重要項目を明らかにしています。

　第3章および第4章では，第2章で明らかになった損益計算書および貸借対

照表上の重要項目について，個別に解説しています。

　第5章では，建設業特有の論点等について記載しています。

　第6章では，建設業の財務諸表を分析し，その収益構造，経営管理上のポイントについて解説しています。

　本書は有限責任監査法人トーマツ，デロイトトーマツ税理士法人に所属する公認会計士，税理士が執筆しました。我々はデロイトトーマツ　建設・不動産インダストリーのメンバーとして所属組織を越えて常日頃から共通の問題意識を持ち，論じ合っています。その成果でもある本書が，建設業の会計実務について読者の皆様のお役に立てることを願っています。

2020年5月

有限責任監査法人トーマツ　建設・不動産事業ユニット

リーダー　大村　広樹

目　次

第4章　貸借対照表からみた建設業の会計

第5章　建設業に特有の個別論点

第6章　財務諸表の分析

第1章

建設業とは

建設業は、2018年度の国内建設投資額が57.2兆円（国土交通省「平成30年度　建設投資見通し」）と、市場規模がGDPの1割程度を占める巨大な産業であり、全国各地の地場産業であるといわれています。さらに、建設業は裾野の広い産業であり、多くの業種と関連しているほか、住宅建設やインフラ工事等の分野では、私たちの生活とのつながりが強い産業であるといえます。また、ひとくちに建設業といってもゼネコンやサブコンといった会社から、プラントエンジニアリング会社やハウスメーカー等、さまざまなプレーヤーが経済活動を行っています。

この章ではこのような建設業界の構造や特徴、市場の規模やその動向等について解説します。

Q1-1 建設業の概要

建設業界の構造，特徴について教えてください。

Answer Point

- 建設業とは，「元請，下請その他いかなる名義をもってするかを問わず，建設工事の完成を請け負う営業」のことをいい，国土交通大臣または都道府県知事の許可を受ける必要があります。
- 建設業界は，元請会社（ゼネコン）→サブコン→専門工事会社→…と次々に下請け発注する重層下請構造になっています。
- 建設業のプレーヤーは多く，過当競争の状況にあります。
- 建設業界は，多くの中小，零細企業で構成されています。

解　説

（1）建設業とは

　建設業とは，「元請，下請その他いかなる名義をもつてするかを問わず，建設工事の完成を請け負う営業」をいいます（建設業法第2条）。建設業者は，国土交通大臣または都道府県知事の許可を受ける必要があります。また，日本標準産業分類によれば，建設工事とは，現場において行われる次の工事をいうとされています。

---

① 建築物，土木施設その他土地に継続的に接着する工作物及びそれらに附帯する設備を新設，改造，修繕，解体，除却若しくは移設すること
② 土地，航路，流路などを改良若しくは造成すること
③ 機械装置をすえ付け，解体若しくは移設すること

(2) 建設業は重層下請構造の産業

　まず，建設業界の構造は図表1-1-1のようになります。

図表1-1-1　　建設業界の構造

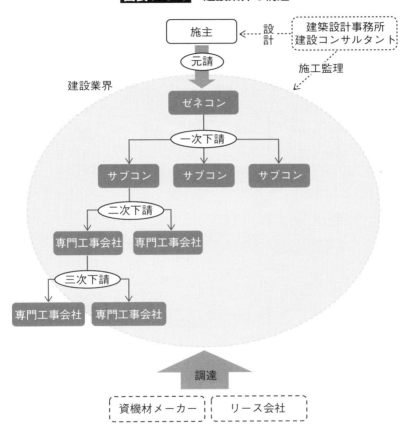

　顧客（建設業では施主といいます）から工事を元請けした建設会社（このような建設会社を通常，「ゼネコン」といいます）は，建設構造物を完成させるために，工事を基礎工事，躯体工事，内外装工事，各種設備工事等，その内容によって区分し，それぞれサブコンといわれる建設会社や専門工事会社に下請け発注します。ゼネコンから下請けしたサブコンは，自らが作業者を雇用し，

施工を行うこともありますが，通常は，工事をさらに複数の専門工事会社（実際に施工を行う会社）に発注します。サブコンから発注を受けた専門工事会社がさらに別の会社に下請け発注するケースもあります。

　このように，建設業界は施主からの発注を次々と下請けに発注する，重層下請構造となっており，外注工事比率が非常に高い産業となっています。

　なお，工事の設計業務や施工監理業務については，小規模な工事の場合には建設会社が施工と併せて受注することも多いですが，大規模な工事の場合には，建築設計事務所（建築工事の場合）や建設コンサルタント（土木工事の場合）に別途発注するケースも多くなります。

(3) 多くのプレーヤーが参入する建設業

　建設業は，2018年度の国内建設投資額が57.2兆円（国土交通省「平成30年度建設投資の見通し」）と，市場規模がGDPの1割程度を占める巨大な産業であり（図表1-1-2参照），また，重層下請の構造となっているため，多くのプレーヤーが存在します。

図表1-1-2　建設業許可業者数と建設投資の推移

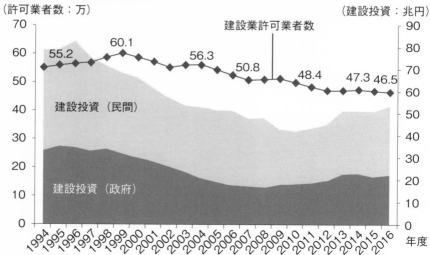

（出所：国土交通省「建設業許可業者数調査の結果について一建設業許可業者の現況（平成29年3月末現在)一」，「平成30年度　建設投資見通し」)

　建設業許可業者数は，建設投資の成長とともに増加し，バブル崩壊後も景気対策として，政府による建設投資が高水準で維持されたことから，多くの建設業者が参入し続け，1999年度にはその数は60万に達しました。しかしながら，その後は公共工事縮小の傾向が明確となり，2010年度の建設投資額はピーク時の約半分にまで落ち込みました。2011年度以降は，東日本大震災からの復興等により回復傾向にはあるものの，2016年度の建設投資額はピーク時の3割程度の減少となっています。一方で許可業者数については2016年度現在でピーク時の2割程度の減少にとどまっており，業界全体で過当競争の状態にあるというのが建設業界の現状です。

　また，トップ企業のシェアが低いということもこの産業の特徴です。2016年度では，スーパーゼネコンといわれる鹿島建設，大成建設，大林組，清水建設，竹中工務店の5社をトータルしてもそのシェアは15%程度にすぎず，他の業界と比較して非常に低水準となっています。

(4) 建設業界は中小，零細企業が中心

　次に，建設業者の規模別の分布を見てみます（図表1-1-3）。

図表1-1-3 建設業許可業者の資本金階層別分布

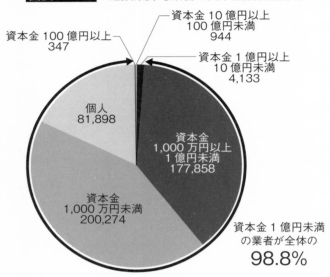

資本金 10 億円以上
100 億円未満
944

資本金 100 億円以上
347

資本金 1 億円以上
10 億円未満
4,133

個人
81,898

資本金
1,000 万円以上
1 億円未満
177,858

資本金
1,000 万円未満
200,274

資本金 1 億円未満
の業者が全体の
98.8%

（出所：国土交通省「建設業許可業者数調査の結果について―建設業許可業者の現況（平成29年3月末現在)―」)

　この円グラフからもわかるように，建設業者の大部分が中小・零細企業または個人経営であり，資本金1億円未満の業者が全体の98.8%を占めています。

Q1-2　建設業界の主要なプレーヤー

建設業界のプレーヤーとしてどのような企業があるか教えてください。

Answer Point

- ひとくちに建設業といってもその業種はさまざまです。建設業は，ゼネコン，サブコン，専門工事会社，プラントエンジニアリング会社，ハウスメーカー等に区分されます。
- ゼネコンやサブコンの機能は施工マネジメントに特化されており，実際に工事を行うのは専門工事会社です。
- プラントエンジニアリング会社は企画から保守までを一括請負するという特徴があります。また，海外売上高の比率が高いこともプラントエンジニアリング会社の特徴の1つです。
- ハウスメーカーは部材の工場生産化を行っている点に特徴があります。

解説

ひとくちに建設業といってもその業種はさまざまであり，大きく分けるとゼネコン，サブコン，専門工事会社，プラントエンジニアリング会社，ハウスメーカー等に区分されます。

(1) ゼネコン

ゼネラルコントラクター（General Contractor）の略で，一般的には発注者から直接工事を受注する会社（すなわち，元請会社）のことをいいます。

ゼネコンは，自らが施工を行うことはせず，施工管理業務が主たる業務とな

ります。工事の着工から竣工までの間には想定外の地下埋蔵物や天候不良による工事の遅れ等，さまざまなトラブルが発生します。このようななか，サブコンや専門工事会社，資材メーカー等を適切にマネジメントし，工期どおりに目的物を完成させることがゼネコンの重要な役割となっているのです。

　売上規模別の主要なプレーヤーは図表1-2-1のとおりです。

図表1-2-1　売上規模別の主要なゼネコン

区　分	会　社
大手	鹿島建設，大成建設，大林組，清水建設，竹中工務店
準大手	長谷工コーポレーション，五洋建設，戸田建設，前田建設工業，三井住友建設，安藤・間，熊谷組，西松建設，東急建設，奥村組，東亜建設工業
中堅	鉄建建設，福田組，東洋建設，大豊建設，淺沼組，青木あすなろ建設，東鉄工業，飛島建設，ナカノフドー建設，錢高組，ピーエス三菱，名工建設，松井建設，矢作建設工業，大本組，新日本建設，若築建設，北野建設，不動テトラ，大末建設，第一建設工業，植木組，徳倉建設，南海辰村建設

（注）一般財団法人建設経済研究所「2018年3月期（2017年度）主要建設会社決算分析」における主要会社40社。区分は，連結売上高の3年間平均が1兆円超の会社を大手，2,000億円超の会社を準大手，2,000億円未満の会社を中堅としている。

　上記のうち，大手に区分される5社は，一般的に，スーパーゼネコンと呼ばれています。スーパーゼネコンは，社内に設計・エンジニアリング部門，技術研究所などを設置しており，高い技術力を保有しています。また，ゼネコンのうち，海洋土木工事を得意とする会社をマリンコンストラクター（Marine constructor）といい，略してマリコンと呼ぶことがあります。主要なマリコンは五洋建設，東亜建設工業，東洋建設，若築建設です。

(2) サブコン

　サブコントラクター（Subcontractor）の略で，元請であるゼネコンから特定工種の施工を請け負う建設会社のことをいいます。日本では，サブコンというと設備工事会社が多く，設備工事会社のみをサブコンという場合もあります。

図表1-2-2　業種別の主要なサブコン

業種	会　　社
通信設備	コムシスホールディングス，協和エクシオ，ＮＥＣネッツエスアイ，ミライト・ホールディングス
電気設備	きんでん，関電工，九電工，ユアテック，トーエネック，日本電設工業，住友電設，中電工
空調設備	高砂熱学工業，三機工業，新菱冷熱工業，大気社，ダイダン，新日本空調，朝日工業社

　サブコンは専門工事業のゼネコンとしての役割を有しているため，ゼネコンと同様，その業務の中心は施工管理となります。なお，サブコンはゼネコンから工事を受注することが多いですが，分離発注方式の工事の場合等には施主から直接工事を受注するようなケースもあります。分離発注方式とは，工事全体をゼネコンに一括発注するのではなく，工事内容ごとにサブコンや専門工事会社に個別発注する発注形態のことをいいます。

(3) 専門工事会社

　ゼネコンやサブコンから，各種専門工事を請け負う会社のことをいいます。ゼネコンやサブコンは施工管理業務を主たる業務としているのに対して，専門工事会社は，各専門工種(左官工事，とび工事，管工事，鉄筋工事，建具工事，電気工事など）の施工を実際に行います。

(4) プラントエンジニアリング会社

　石油精製，化学，製鉄，発電等のプラント（生産設備）を対象として，企画，設計，調達，施工，施工管理，保守等のプラントが稼動するまでの一連の業務を一括して，もしくは部分的に請け負い，これらのサービスを提供する会社をいいます。通常，建設業では施工のみを行うことが多いため，企画から保守までの業務を一括受注するプラントエンジニアリング会社のビジネスモデルは，特徴的であるといえます。

　また，プラントエンジニアリング会社の主たる市場は海外であるため，海外売上高の比率が高いという点もプラントエンジニアリング会社の特徴の1つで

す。日本の主要なプラントエンジニアリング会社は，日揮，千代田化工建設，東洋エンジニアリングであり，一般的に，この3社は専業大手3社と呼ばれています。

(5) ハウスメーカー

　住宅建設を請け負う会社のうち，自社の企画商品を持ち，広い地域で事業を行う会社のことを一般的にハウスメーカーと呼びます。その中で，主要部材をあらかじめ工場で生産し，これを建築現場で組み立てる工法をとる会社をプレハブメーカーと呼びます。プレハブメーカーの主要なプレーヤーは積水ハウス，大和ハウス工業，積水化学工業，旭化成ホームズ，ミサワホーム，パナソニックホームズです。また，ツーバイフォー工法のトップメーカーである三井ホーム，伝統的な工法である木造軸組工法のトップメーカーである住友林業もハウスメーカーと呼ばれます。

Q1-3　施工上の特徴

建設業における生産活動の特徴（工事の施工上の特徴）を教えてください。

Answer Point

- 建設業は典型的な受注産業であり，施主からの発注に基づき生産活動を行います。
- 建設業は移動型の屋外生産です。
- 建設業では，目的物の完成までにかかる期間が，通常長期間にわたります。
- 竣工は通常，3月に集中します。
- 工事の出来高は通常，S字カーブとなります。

解説

（1）建設業は典型的な受注産業

建設業の特徴としてまず挙げられるのが，受注産業であるという点です。一般的な製造業では，販売計画に基づいて製品を見込み生産するケースが多いのに対して，建設業の場合には，特定の相手先から注文があって初めて工事を開始します。また，工事ごとに建設物の規模，性能，デザイン，構造等が異なり，1つとして同じものはありません。

（2）屋外生産・移動型生産

建設業の特徴の1つとして，屋外生産であり，また移動型生産であるという点が挙げられます。建設業の生産活動は，一般的な製造業のように工場で行われるわけではなく，施主が用意した土地等に仮設の工事事務所を設置し，工事

が行われます（屋外生産）。また，工事ごとに場所が変わり，同一の場所で生産活動を続けることはありません（移動型生産）。このため，天候による影響を受けることが多く，また，施工場所の地質や建設物の構造等によって建設コストが大きく変動するという特徴があります。

（3）目的物の完成までにかかる期間が長期

　工事では，トンネル，橋梁，道路，ビル等が建設されますが，着工から完成までの期間は数カ月から，長いものだと数年間を要するものもあります。このため，工事期間中における資材の物価水準や労務費の変動が各工事の損益に影響を及ぼすことになります。また，受注から全額が売上計上されるまでの間にタイムラグが生じるため，一般的に景気の影響を受けるのが遅い業界であるといえます。

（4）竣工は3月に集中

　わが国では，工事の竣工・引渡しは3月末に集中する傾向にあります。これは，公共工事を発注する官公庁が3月を年度末にしており，年度末付近に予算の消化が行われるためです。

（5）出来高のS字カーブ

　一般的なビル工事を例にとると，着工間もない時期は，現場に入るための工事事務所の設置や基礎工事が行われるのみであり，出来高（工事の進捗率のことをいい，通常，金額ベースで把握されます）はそこまで高くはなりませんが，工事が中盤に差し掛かり，躯体工事が始まってくると，鉄骨等の主要資材が多く入るようになり，また工事最盛期では躯体工事や設備工事等が並行して進められるため，出来高は非常に高くなります。工事が後半に差し掛かると，基本的には仕上工事等が残るのみとなるため，出来高は低くなります。以上のような理由から，工事の出来高をグラフにしたとき，通常は図表1-3のようなS字カーブを描きます。

図表1-3　出来高のS字カーブ

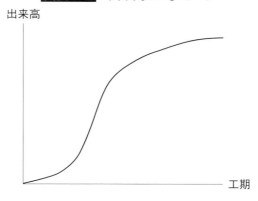

Q1-4 建設業界の規模と販売市場動向

建設業界の市場規模，販売市場の動向を教えてください。

Answer Point

- 名目建設投資は1992年をピークに減少傾向にあり，2010年度にはピーク時の約半分にまで落ち込みました。2011年度以降は東日本大震災からの復興等により回復傾向にはあるものの，直近の見通しではピーク時の3割程度の減少となっています。
- ストック重視社会への移行により，リフォーム・リニューアル市場については今後の拡大が見込まれます。
- 日本の建設市場は縮小傾向にあるものの，海外ではアジアを中心に今後の成長が見込まれます。

解 説

（1）縮小する国内建設市場

　建設業界の市場規模を測る指標の1つとして，国土交通省が公表している建設投資があります。建設投資とは，わが国の全建設活動の実績を出来高ベースで把握したものです。

　建設投資は，バブル崩壊以降，継続して下落の傾向にあり，2010年度の建設投資額はピーク時の約半分にまで落ち込みました。

　しかし，2011年度以降の建設投資は，東日本大震災の復旧・復興需要の影響により増加に転じ，その後の首都圏での大型再開発工事，東京五輪関連施設工事等が進んでいることにより，増加基調が継続しています。それでも，建設投資はピーク時の7割の水準となっています。

図表1-4-1 建設投資(名目値)の推移

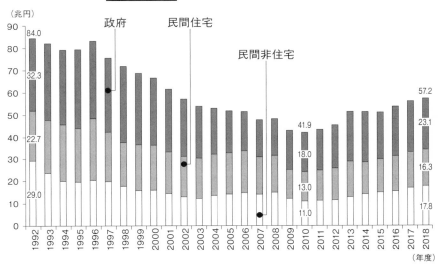

(出所:国土交通省「平成30年度 建設投資見通し」)

(2) 拡大するリフォーム・リニューアル投資市場

　建設投資がピーク時の回復までには至らない一方で,建築物のリフォーム・リニューアル投資は今後増加することが見込まれています。

　近年は,人口の減少,少子高齢化,財政制約に加え,震災を契機としたエネルギー制約等を背景に,既存ストックの長期使用を重視する傾向が強まっており,国土交通省が公表している「平成30年度 建設投資見通し」によれば,建築物リフォーム・リニューアル市場は拡大傾向にあります。

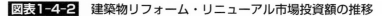

図表1-4-2 建築物リフォーム・リニューアル市場投資額の推移

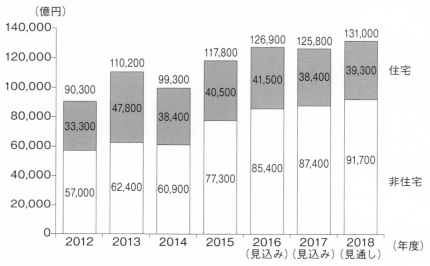

（出所：国土交通省「平成30年度　建設投資見通し」）

（3）巨大な海外建設市場

　リフォーム・リニューアル投資市場の拡大という好材料や，東日本大震災からの復興・東京五輪関連工事といった一時的な需要はあるものの，国内建設市場全体としては縮小の傾向にあります。しかしながら，海外の建設市場に目を向けてみるとまだまだ多くの建設需要があります。特にアジア太平洋地域については，今後も多額のインフラ需要が見込まれており，建設需要はさらに拡大していくことが考えられます。

図表1-4-3　日本国内外の建設市場，建設投資

(億米ドル)

	日本 2016年	アメリカ 2016年	欧州 2016年	アジア太平洋 2016年	MENA 2016年
名目GDP （日本を100とした割合）	49,493 (100)	186,245 (376)	175,498 (355)	197,460 (399)	25,181 (51)
建設投資（生産額） （日本を100とした割合） GDP比	2,700 (100) 5.5%	7,925 (294) 4.3%	8,440 (313) 4.8%	13,206 (489) 6.7%	1,779 (66) 7.1%

（注1）欧州の構成国は，EU28カ国とスイス，ノルウェーの計30カ国

（注2）アジア・太平洋地域の構成国（地域）は中国，香港，韓国，台湾，インド，インドネシア，マレーシア，フィリピン，シンガポール，スリランカ，ベトナム，タイ，オーストラリア，ニュージーランドの計14カ国（地域）

（注3）MENA地域の構成国はUAE，アルジェリア，イエメン，イラク，イラン，エジプト，オマーン，カタール，サウジアラビア，チュニジア，バーレーン，モロッコ，ヨルダンの計13カ国。

（出所：一般財団法人建設経済研究所「建設経済レポート「日本経済と公共投資」No.70（2018年4月）」）

Q1-5 調達市場の動向

建設業界の調達市場の動向を教えてください。

Answer Point

- 建設コストは，2008年度における鉄鋼等の資材価格高騰がいったん落ち着いたものの，東日本大震災の復旧・復興需要により，全体として上昇基調にあります。
- 近年は，首都圏における大型の再開発工事および東京五輪関連施設工事の進捗により，建設資材価格，建設労務費ともに上昇しています。

(1) 建設コストの動向

　建設コストの動向を把握する指標として，国土交通省が公表している建設工事費デフレーターがあります。建設工事費デフレーターは，建設工事に係る名目工事費額を基準年度の実質額に変換するために作成されているものです。建設工事費デフレーターの推移は図表1-5-1のとおりとなっています。

　建設コストは，2003年度以降継続して上昇しており，特に2008年度は資材価格が高騰した影響で大幅な上昇となっています。2009年度にはリーマン・ショックによる建設市場の冷え込み等により一時的に建設コストが下落したものの，2010年度には再度上昇に転じており，2011年度についても東日本大震災による工場の被災や物流の混乱，仮設住宅等に係る緊急需要が発生した影響で建設コストは上昇しています。

　さらに，近年は，首都圏における大型の再開発工事，および東京五輪関連施設工事の進捗により，建設コストの上昇基調が継続しています。

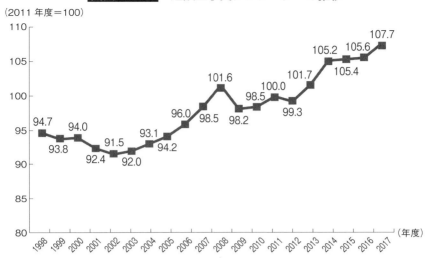

図表1-5-1　建設工事費デフレーターの推移

（2011 年度＝100）

（注）2016年度，2017年度は暫定値。
（出所：国土交通省「建設工事費デフレーター（平成23年度基準）」）

（2）建設資材価格の動向

　建設資材価格の推移は図表1−5−2のとおりです。

　2008年度は資材価格が高騰しており，特に鉄鋼価格は著しく上昇していました。また，2011年度前半には東日本大震災の影響で一時的に資材供給が不足し，価格が上昇しましたが，その後の需給動向は落ち着いており，2012年度には全体としてはほぼ横ばいで推移しました。しかしながら，その後は東日本大震災の復旧・復興工事の本格化，首都圏における大型の再開発工事および東京五輪関連施設工事の進捗により，資材の需要が増加し，価格が上昇しています。

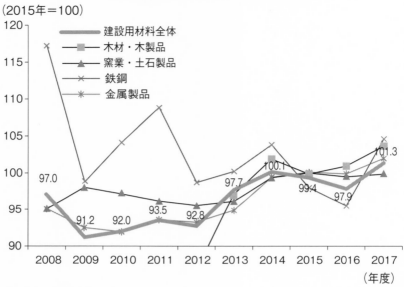

図表1-5-2 建設資材価格の推移

（2015年＝100）

（出所：日本銀行「企業物価指数」）

（3）建設労務費の動向

　建設業における賃金指数の推移は図表1-5-3のとおりです。

　建設業の現金給与総額は，工事量の減少に伴い，2003年度まで減少傾向にありました。2004年度以降は，民間工事の回復を主因として増加を続けてきましたが，リーマン・ショックによる建設市場の冷え込み等により2009年度に再び減少に転じています。しかし，その後，東日本大震災の復旧・復興需要，東京五輪関連施設工事の進捗等により労働者が不足し，2013年度以降は建設業の現金給与総額が増加基調に転じています。

図表1-5-3　建設業賃金指数（現金給与総額）の推移

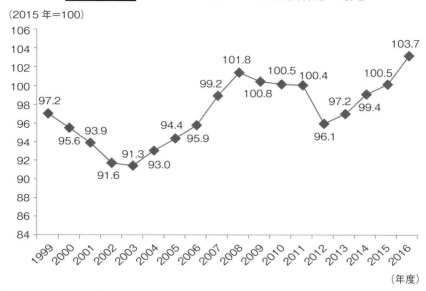

（2015 年＝100）

（出所：厚生労働省「毎月勤労統計調査」）

Q1-6 建設業の海外進出

建設業の海外進出状況について教えてください。

Answer Point

- 1970年代以降，日本の建設業の海外進出が拡大し，現在では2兆円に迫る規模となっています。
- 日本の建設業にとっては，アジアが主要な海外建設市場になっています。
- 日本の建設業の海外売上高比率は他の業種や海外同業他社と比較して低水準です。ただし，プラントエンジニアリング会社は主要な市場が海外にあるため，高い海外売上高比率になっています。

解説

日本の建設業の海外建設受注実績は以下のとおりです。

日本の建設業の海外進出は1970年代から拡大し始めました。建設業は，製造業の生産拠点の海外進出や，わが国ODAの拡大，アジア諸国の経済成長などを背景に海外工事の受注を増やし，近年では，多いときには2兆円に迫る海外工事を獲得しています（図表1-6-1参照）。また，地域別の受注状況をみてみると，アジアがわが国建設業の主要市場であるといえます（図表1-6-2参照）。

このように近年，海外進出を拡大してきた建設業ですが，他の業種，特に製造業と比較すると，海外への進出割合は低い水準となっているのが現状です。また，日本の建設業の海外売上実績は，海外同業他社と比べてみても低い水準となっています。

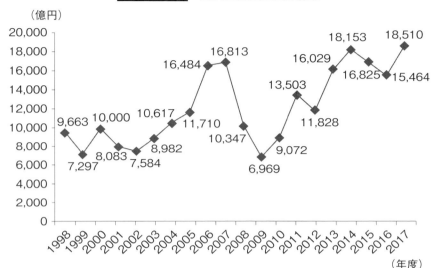

図表1-6-1　海外建設受注高の推移

（注）受注高は，本邦法人受注額と海外法人受注額の合計額である。
（出所：一般社団法人海外建設協会「海外受注実績の動向」）

図表1-6-2　海外建設受注高の地域別割合（2017年度）

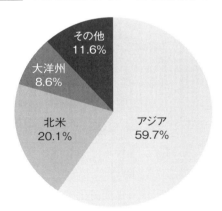

（出所：一般社団法人海外建設協会「海外受注実績の動向」より著者作成）

図表1-6-3 世界の建設会社の海外売上高ランキング

RANK 2018	RANK 2017	会社名	国
1	1	ACS	スペイン
2	2	HOCHTIEF AKTIENGESELLSCHAFT	ドイツ
3	3	China Communications Construction Group Ltd.	中国
4	4	VINCI	フランス
5	9	STRABAG SE	オーストリア
6	7	TECHNIPFMC	イギリス
7	6	BOUYGUES	フランス
8	11	China State Construction Engineering Corp Ltd.	中国
9	8	Skanska AB	スウェーデン
10	10	Power Construction Corp of China.	中国
⋮	⋮	⋮	⋮
27	30	大林組	日本
29	40	鹿島建設	日本
71	75	竹中工務店	日本
78	74	清水建設	日本
151	135	大成建設	日本

(出所：ENR「ENR's 2018 Top 250 International Contractors」)

　国内建設投資が縮小しているなか，アジアを中心とした海外の建設市場は魅力的であるといえますが，日本の建設業の海外進出の歴史をみてみると，採算面では必ずしも成功してきたとはいえず，海外の契約実務や商慣習に精通した人材の確保が課題になっています。

　なお，日本の建設会社の中でも，プラントエンジニアリング会社は，主要な市場が海外にあるため，海外案件に関するノウハウ蓄積が進んでおり，高い海外売上高比率を実現しています。2017年度の有価証券報告書によれば，スーパーゼネコンでもその海外売上高比率は2割程度であるのに対し，プラントエンジニアリング専業大手3社（日揮，千代田化工建設，東洋エンジニアリング）の海外売上高比率の平均は8割程度となっています。

第2章

会計の特徴

建設業では，他の業種同様，会社法に基づく計算書類や金融商品取引法に基づく財務諸表を作成する必要があることに加え，建設業許可申請時等には，建設業法に基づく財務書類を作成する必要があります。ただし，会社法に基づく会計においても金融商品取引法に基づく会計においても，建設業はいわゆる別記事業として取り扱われます。そのため，計算書類および財務諸表ともに，勘定科目や注記については，建設業法の定めに従う必要があります。

さらに，公共工事の入札を行うためには，会計数値を用いて表す各社の経営状況等を総合し審査される経営事項審査を受けることが求められます。なお，近年の入札では，価格面だけではなく品質面等も重視した総合評価方式という手法が主流となっています。

Q2-1 関連法令

建設業の会計に関連する法令について教えてください。

Answer Point 👆

- 建設業の会計に関連する法令としては，金融商品取引法，会社法，建設業法，法人税法などがあります。
- 金融商品取引法に基づく財務諸表の詳細は，財務諸表等規則，連結財務諸表規則ならびに同ガイドライン等に規定されています。
- 会社法に基づく計算書類の詳細は，会社計算規則に規定されています。
- 建設業法に基づく財務書類の詳細は，建設業法施行規則に規定されています。

（1）金融商品取引法

　金融商品取引法は，ディスクロージャー制度の整備を中心に，投資者の保護に資することを目的とした法律です。このため金融商品取引法は，投資者にとって必要な情報をタイムリーに提供することを求めており，いわゆる上場企業は，この金融商品取引法に従って財務諸表を作成し適時に開示することが必要となります。

　金融商品取引法に基づき作成される財務諸表の詳細は，財務諸表等規則ならびに同ガイドライン等に規定されています。なお，連結財務諸表については連結財務諸表規則，四半期連結財務諸表については四半期連結財務諸表規則に規定されています。

　ただし，建設業は一般的な製造業を前提とした財務諸表等規則の勘定科目等

には馴染まない特殊性があり，財務諸表等規則においていわゆる別記事業とされています。そこで，国土交通省令様式，具体的には建設業法施行規則（および建設業法施行規則を勘定科目と関連づけて建設業の標準様式および作成方法としてとりまとめた建設業標準財務諸表作成要領）に従って，建設業の実態に適合した勘定科目等を用います。したがって，建設業の財務諸表は，財務諸表等規則をベースとしながらも，省令様式から強い影響を受けることになります。なお，2014年に財務諸表等規則が改正され，連結財務諸表を作成している会社のうち会計監査人設置会社は「特例財務諸表提出会社」とされ，個別財務諸表について会社法の要求水準に合わせた開示の特例が設けられています。ただし，別記事業を営む株式会社または指定法人は当該特例の対象外となっていることから，建設業を営む会社は「特例財務諸表提出会社」には該当しないこととなります。

（2）会社法

　会社法は，会計的な観点からすると，株主と債権者との利害関係の調整，株主保護および債権者保護に資することを目的とした法律です。このため会社法は，株主や債権者にとって必要な情報を提供することを求めており，すべての株式会社が，この会社法に従って，決算期末に計算書類を作成することが必要となります。会社法に基づき作成される計算書類の詳細は，会社計算規則に規定されています。

　ただし，会社計算規則では，上記財務諸表等規則にていわゆる別記事業に該当する場合，株主総会等に提出する計算書類についても，基本的に省令様式に従って作成することになる旨規定されています。

（3）建設業法

　建設業許可を得る際や許可後各事業年度に建設業者が作成する財務書類のうち，国土交通省などに提出するものは省令様式で作成することになります。ただし，上記のとおり，金融商品取引法に基づく財務諸表も，会社法に基づく計算書類も，いずれも省令様式に従って作成することから，法定開示書類とは別に，建設業法に従った財務書類を作成する，ということはありません。

（4）法人税法

　法人税法は，納税義務者，課税所得等の範囲，税額の計算の方法，申告，納付および還付の手続ならびにその納税義務の適正な履行を確保することを目的としています。課税所得の計算は，株主総会で確定した決算を基礎とし，必要な申告調整を行うという確定決算主義をとっていますが，建設業だけが対象となる特有の調整はありません。

　ただし，部分完成基準による収益認識等，法人税法による申告調整上，会計処理とは異なる調整を行うという意味で，建設業者への負荷・影響が出てくることになります。

Q2-2　作成すべき財務書類

建設業を営む上場企業の場合，どのような財務書類を，どのような法令等を参照して作成すればよいか教えてください。

Answer Point ☝

- すべての株式会社が，会社法に基づき計算書類を作成する必要があり，その作成にあたって，会社法および会社計算規則に従う必要があります。
- 上場企業の場合には，金融商品取引法に基づき財務諸表を作成する必要があり，その作成にあたって，財務諸表等規則や連結財務諸表規則等に従う必要があります。
- 建設業を営んでいる場合には，建設業法施行規則に従った財務書類を作成する必要があります。

解　説

（1）会社法に基づく計算書類

　上場企業に限らず，すべての会社は会社法に基づく計算書類を作成する必要があり，株式会社の計算書類は，株主総会の招集通知に添付されます。計算書類は，貸借対照表，損益計算書，株主資本等変動計算書および個別注記表からなり，その作成にあたっては，会社法および会社計算規則に従います。また，計算書類の附属明細書，事業報告やその附属明細書，さらに大会社であって有価証券報告書の提出義務のある会社については，連結計算書類の作成も義務づけられることになります。

　ただし，Q2-1のとおり，建設業はいわゆる別記事業となっているため，所管官庁に提出する計算関係書類の用語，様式および作成方法について建設業

法施行規則に定めがある場合には，会社法の規定に優先することとなります。

　なお，会計監査人設置会社においては，上記書類のうち，計算書類，その附属明細書および連結計算書類については，株主総会で選任された会計監査人（公認会計士または監査法人）の監査を受け，監査報告書を受領する必要があります。

(2) 金融商品取引法に基づく財務諸表

　上場企業の場合には，金融商品取引法に基づく財務諸表を作成する必要があります。具体的には，有価証券報告書，四半期報告書，有価証券届出書等の書類を作成し財務局に提出しなければなりません。有価証券報告書等における「経理の状況」に，財務諸表，すなわち，貸借対照表，損益計算書，株主資本等変動計算書，キャッシュ・フロー計算書，重要な会計方針，その他の注記および附属明細表を開示することになり，その作成にあたっては，財務諸表等規則に従います。連結会社が存在する場合には，連結財務諸表を作成する必要があり，連結財務諸表規則に従い，また，四半期報告書においては，四半期財務諸表の作成も必要であり，四半期財務諸表等規則に従うことになります。

　ただし，単体の財務諸表については，会社法に基づく計算書類と同様に，建設業はいわゆる別記事業となっていることから，建設業法施行規則における定めが財務諸表等規則に優先することになります。なお，連結財務諸表は別記事業としての取扱いを受けませんが，建設業法施行規則に準じた開示を行うのが一般的です。

　「経理の状況」に掲げられた財務諸表，連結財務諸表，四半期財務諸表等については，公認会計士または監査法人の監査証明が必要となります。

(3) 建設業法に基づく財務書類

　建設業許可を得る際には，国土交通省令で定めるところにより，2以上の都道府県の区域内に営業所を設けて営業をしようとする場合は国土交通大臣に，1つの都道府県の区域内にのみ営業所を設けて営業をしようとする場合は当該営業所の所在地を管轄する都道府県知事に，許可申請書を提出しなければなりません。その際，貸借対照表，損益計算書，株主資本等変動計算書および注記

表も合わせて提出する必要があります。さらに，事業年度経過後 4 カ月以内に
も同様の書類を許可申請書を提出した先に提出しなければなりません。

　これらの財務書類は，国土交通省令様式としての建設業法施行規則に従って
作成することとなり，上記の会社法に基づく計算書類や金融商品取引法に基づ
く財務諸表等の勘定科目や注記に影響を与えることになります。

Q2-3 経営事項審査と総合評価方式

公共工事に関して，経営事項審査と総合評価方式について教えてください。

Answer Point 👆 ....

- 経営事項審査（経審）とは，公共工事を発注者から直接請け負おうとする建設業者が必ず受けなければならない審査です。
- 経営事項審査では，「経営状況」と「経営規模，技術的能力その他の客観的事項」について数値により評価します。
- 近年の公共工事の入札では，発注者が工事内容や周辺の状況に応じてさまざまな評価項目を設定し，企業からの優れた技術提案を募り，価格と価格以外の要素を総合的に評価し，落札者を決定する，総合評価方式が多く採用されています。

（1）経営事項審査

　経営事項審査（経審）とは，建設業法で定められている「建設業者の経営に関する事項の審査等」であり，公共工事を発注者から直接請け負おうとする建設業者が必ず受けなければならない審査です。公共工事の各発注機関は，競争入札に参加しようとする建設業者についての資格審査を行うこととされており，当該発注機関は欠格要件に該当しないかどうかを審査したうえで，客観的事項と主観的事項の審査結果を点数化し，順位付け，格付けをしています。客観的事項の審査が経営事項審査といわれる審査制度であり，この審査は経営状況と経営規模，技術的能力その他の客観的事項について数値により評価するものです。

経営事項審査では，総合評点値Pを以下の算式から算出し，評点化します。

$$P = X1 \times 0.25 + X2 \times 0.15 + Y \times 0.2 + Z \times 0.25 + W \times 0.15$$

上記のアルファベットは，X1とX2が経営規模，Yが経営状況分析，Zが技術力，Wがその他の審査項目（社会性等）を表しており，評価項目の内容については，図表2-3のとおりです。

図表2-3 経営事項審査の評価項目（単体ベース）

X1	工事種類別年間平均完成工事高
X2	自己資本額（＝純資産合計） 平均利益額（＝営業利益＋減価償却実施額）
Y	純支払利息比率 負債回転期間 総資本売上総利益率 売上高経常利益率 自己資本対固定資産比率 自己資本比率 営業キャッシュ・フロー（絶対値） 利益剰余金（絶対値）
Z	業種別技術職員 種類別年間平均元請完成工事高
W	労働福祉の状況 建設業の営業継続の状況 防災活動への貢献の状況 法令遵守の状況 建設業の経理状況 研究開発の状況 建設機械の保有状況 国際標準化機構が定めた規格による登録の状況 若年の技術者および技能労働者の育成および確保の状況

（2）総合評価方式

総合評価方式は，価格競争の激化に伴う品質低下の懸念，さらにはいわゆる談合排除の観点から，価格と品質を数値化した評価値の最も高いものを落札者とし，価格だけで落札者が決定していた過去の入札とは異なり，「価格」と「品

質」の総合的評価にて施工者を選定する方式です。

　公共工事の品質確保を図るためには，必要な技術的能力を有する者が施工を行う必要があります。発注者は競争参加者の技術的能力の審査を適切に行うとともに，品質の向上に係る技術提案を求めるなど，受注者の保有する技術にも着目して評価することになります。

　総合評価方式では，これらを得点化し，落札者の決定においては，価格に加えて技術提案等の優劣を総合的に評価することにより，最も評価の高い者を落札者とすることが原則となります。

第3章

損益計算書からみた建設業の会計

建設業における収益認識基準には工事進行基準と工事完成基準があります。このうち，工事進行基準を採用した場合には，工事の完成・引渡し前であっても，工事進捗度に応じて完成工事高が計上されます。このため，工事進行基準を適用する際には工事収益総額，工事原価総額および工事進捗度を適切に把握する必要があります。

この章では，工事進行基準の適用方法（工事収益総額，工事原価総額をどのように見積り，期末までに発生した工事原価の累計額をどのように把握するかなど）を中心に，建設業の損益計算書における論点を解説するとともに，今後適用される収益認識会計基準の影響についても触れています。

Q3-1 収益認識に関する会計基準等の概要

2018年3月に公表された収益認識に関する会計基準の概要について教えてください。

Answer Point

- 収益認識会計基準等の公表により，収益は実現主義によるものではなく，IFRS第15号と同様に，5つのステップを踏まえて認識することとされています。
- ただし，収益認識会計基準等では，これまでわが国で行われてきた実務等に配慮し，IFRS第15号における取扱いとは別に，個別項目に対して，重要性等に関する代替的な取扱いが定められています。
- 収益認識会計基準等は，2021年4月1日以後開始する年度の期首から適用されます。

解 説

（1）5つのステップを踏まえた収益の認識

わが国において，収益の認識は，企業会計原則に，「売上高は，実現主義の原則に従い，商品等の販売又は役務の給付によって実現したものに限る。」（企業会計原則 第二 損益計算書原則 三 B）とされていました。

2018年3月に公表された企業会計基準第29号「収益認識に関する会計基準」（以下，「収益認識会計基準」という）および企業会計基準適用指針第30号「収益認識に関する会計基準の適用指針」（以下，「収益認識適用指針」といい，これらを合わせて「収益認識会計基準等」という）により，収益は，IFRS第15号「顧客との契約から生じる収益」と同様に，以下の5つのステップを踏まえ

て認識することとされています（収益認識会計基準第17項）。

（ステップ１）顧客との契約を識別する。

（ステップ２）契約における履行義務を識別する。

（ステップ３）取引価格を算定する。

（ステップ４）契約における履行義務に取引価格を配分する。

（ステップ５）履行義務を充足した時にまたは充足するにつれて収益を認識する。

　したがって，企業は，自社のビジネスを上述した５つのステップにどのように当てはめて収益を認識するのかを検討する必要があります。

　なお，収益認識会計基準等は，国内外の企業間における財務諸表の比較可能性の観点から，IFRS第15号の基本的な原則を取り入れることを出発点として，各定めが設けられていますが，これまでわが国で行われてきた実務等に配慮すべき項目については，比較可能性を損なわせない範囲で代替的な取扱いが追加されています

(2) 顧客との契約の識別（ステップ1）

　「顧客」とは，対価と交換に企業の通常の営業活動により生じたアウトプットである財またはサービスを得るために当該企業と契約した当事者をいいます。また，「契約」とは，法的な強制力のある権利および義務を生じさせる複数の当事者間における取決めをいい，書面に限らず，口頭や取引慣行等によっても成立します（収益認識会計基準第５項，第６項）。

　企業は，財またはサービスの移転を約束した相手先が，顧客に当たるかどうかを評価し，どの契約（契約書，取引約款，申込書，取引慣行等を含む）が，顧客との契約に当たるのかを判断することが第１ステップとなります。

(3) 契約における履行義務の識別（ステップ2）

　「履行義務」とは，顧客との契約において，別個の財またはサービス，あるいは，一連の別個の財またはサービスを顧客に移転する約束をいいます（収益認識会計基準第７項）。

　ステップ１で識別した契約には，たとえば，①顧客に商品Xを引き渡す約束と，②商品Xを引き渡した後２年間，その保守サービスを提供する約束の，２つを約束している場合のように，顧客に対して複数の財またはサービスを提供する約束をしていることがあります。このような場合，この２つの約束が別個の履行義務かどうかを判断する必要があります。

　具体的には，顧客に約束した財またはサービスは，次の図表３−１に記載する２つの要件のいずれも満たす場合には，別個のもの（別個の会計単位）とされます（収益認識会計基準第34項）。

図表3-1　顧客に約束した財またはサービスが別個の履行義務かどうかの判断

（要件1）	財またはサービスから単独で顧客が便益を享受することができること，あるいは，財またはサービスと顧客が容易に利用できる他の資源を組み合わせて顧客が便益を享受することができること
（要件2）	財またはサービスを顧客に移転する約束が，契約に含まれる他の約束と区分して識別できること（財またはサービスを顧客に移転する約束が契約の観点において別個のものとなること）

　（要件１）について，たとえば，企業が特定の財またはサービスを通常は独立して販売している場合，財またはサービスから単独で顧客が便益を享受することができると考えられます（収益認識会計基準第130項）。

　（要件２）について，財またはサービスを顧客に移転する複数の約束が区分して識別できないことを示す要因には，たとえば，以下があるとされています（収益認識適用指針第６項）。

- 財またはサービスをインプットとして使用し，契約において約束している他の財またはサービスとともに，顧客が契約した結合後のアウトプットである財またはサービスの束に統合する重要なサービスを提供していること
- 財またはサービスの１つまたは複数が，契約において約束している他の財またはサービスの１つまたは複数を著しく修正するまたは顧客仕様のものとするか，あるいは他の財またはサービスによって著しく修正されるまたは顧客仕様のものにされること
- 財またはサービスの相互依存性または相互関連性が高く，当該財またはサービスのそれぞれが，契約において約束している他の財またはサービス

の1つまたは複数により著しく影響を受けること

(4) 取引価格の算定および履行義務への配分（ステップ3およびステップ4）

取引価格とは，財またはサービスの顧客への移転と交換に企業が権利を得ると見込む対価の額（ただし，第三者のために回収する額を除く）をいい（収益認識会計基準第8項），取引価格を算定する際には，変動対価，契約における重要な金融要素，顧客に支払われる対価等の影響を考慮します。また，それぞれの履行義務に対する取引価格の配分は，財またはサービスの独立販売価格の比率に基づき行います。

(5) 収益の認識（ステップ5）

収益は，顧客に財またはサービスの支配を移転することにより，履行義務を充足した時に（一時点で）または充足するにつれて（一定の期間にわたって）認識します。ここで，財またはサービスに対する支配とは，当該財またはサービスの使用を指図し，当該財またはサービスからの残りの便益のほとんどすべてを享受する能力（他の企業が財またはサービスの使用を指図して，財またはサービスから便益を享受することを妨げる能力を含む）をいいます。

① 一定の期間にわたり充足される履行義務

次の(a)から(c)の要件のいずれかを満たす場合，財またはサービスに対する支配を顧客に一定の期間にわたり移転することにより，一定の期間にわたり履行義務を充足し収益を認識します（収益認識会計基準第38項）。

(a) 企業が顧客との契約における義務を履行するにつれて，顧客が便益を享受すること

(b) 企業が顧客との契約における義務を履行することにより，資産が生じるまたは資産の価値が増加し，当該資産が生じるまたは当該資産の価値が増加するにつれて，顧客が当該資産を支配すること

(c) 次の要件のいずれも満たすこと

・企業が顧客との契約における義務を履行することにより，別の用途に転用することができない資産が生じること

- 企業が顧客との契約における義務の履行を完了した部分について，対価を収受する強制力のある権利を有していること

② 一時点で充足される履行義務

上記(a)から(c)の要件をいずれも満たさず，履行義務が一定期間にわたり充足されるものではない場合，一時点で充足される履行義務として，財またはサービスに対する支配を顧客に移転することにより履行義務が充足される時に収益を認識します（収益認識会計基準第39項）。

財またはサービスに対する支配の顧客への移転を検討するにあたっては，たとえば，以下の指標を考慮することとされています（収益認識会計基準第40項）。

- 企業が顧客に提供した資産に関する対価を収受する現在の権利を有していること
- 顧客が資産に対する法的所有権を有していること
- 企業が資産の物理的占有を移転したこと
- 顧客が資産の所有に伴う重大なリスクを負い，経済価値を享受していること
- 顧客が資産を検収したこと

(6) 重要性等に関する代替的な取扱い

収益認識会計基準等では，これまでわが国で行われてきた実務等に配慮し，財務諸表間の比較可能性を大きく損なわせない範囲で，IFRS第15号における取扱いとは別に，個別項目に対して，重要性等に関する代替的な取扱いが定められています。

建設業に関係する重要性等に関する代替的な取扱いの主な項目は以下です。

- 契約変更による財またはサービスの追加が，既存の契約内容に照らして重要性が乏しい場合には，当該契約変更について処理するにあたり，独立した契約として処理する方法，既存の契約を解約して新しい契約を締結したものと仮定して処理する方法，または既存の契約の一部であると仮定して処理する方法のいずれの方法も適用することができる（収益認識適用指針

第92項）。

- 約束した財またはサービスが，顧客との契約の観点で重要性が乏しい場合には，当該約束が履行義務であるのかについて評価しないことができる（収益認識適用指針第93項）。

- 工事契約等について，契約における取引開始日から完全に履行義務を充足すると見込まれる時点までの期間がごく短い場合には，一定の期間にわたり収益を認識せず，完全に履行義務を充足した時点で収益を認識することができる（収益認識適用指針第95項）。

- 工事契約等に係る原価回収基準[*1]の取扱いに関連し，一定の期間にわたり充足される履行義務について，契約の初期段階において，履行義務の充足に係る進捗度を合理的に見積ることができない場合には，当該契約の初期段階に収益を認識せず，当該進捗度を合理的に見積ることができる時から収益を認識することができる（収益認識適用指針第99項）。

  （＊１）原価回収基準とは，履行義務を充足する際に発生する費用のうち，回収することが見込まれる費用の金額で収益を認識する方法をいう。

- 履行義務の基礎となる財またはサービスの独立販売価格を直接観察できない場合で，当該財またはサービスが，契約における他の財またはサービスに付随的なものであり，重要性が乏しいと認められるときには，当該財またはサービスの独立販売価格の見積方法として，残余アプローチ[*2]を使用することができる（収益認識適用指針第100項）。

  （＊２）残余アプローチとは，独立販売価格の見積方法として，収益認識適用指針に例示されている方法で，契約における取引価格の総額から契約において約束した他の財またはサービスについて観察可能な独立販売価格の合計額を控除して見積る方法をいう。

- 顧客との個々の契約が当事者間で合意された取引の実態を反映する実質的な取引の単位であると認められる場合であって，かつ，顧客との個々の契約における財またはサービスの金額が合理的に定められていることにより，当該金額が独立販売価格と著しく異ならないと認められる場合，複数の契約を結合せず，個々の契約において定められている顧客に移転する財またはサービスの内容を履行義務とみなし，個々の契約において定められ

ている当該財またはサービスの金額に従って収益を認識することができる（収益認識適用指針第101項）。

- 工事契約等について，当事者間で合意された実質的な取引の単位を反映するように複数の契約（異なる顧客と締結した複数の契約や異なる時点に締結した複数の契約を含む）を結合した際の収益認識の時期および金額と当該複数の契約について，一定の場合には，当該複数の契約を結合し，単一の履行義務として識別することができる（収益認識適用指針第102項）。

（7）適用時期

収益認識会計基準等は，2021年4月1日以後開始する年度の期首から適用されます。ただし，2018年4月1日以後開始する年度の期首から適用するなどの早期適用が認められています。

（8）その他

収益認識会計基準等の公表により，以下の会計基準等が廃止されます。

- 企業会計基準第15号「工事契約に関する会計基準」
- 企業会計基準適用指針第18号「工事契約に関する会計基準の適用指針」

Q3-2　収益認識の単位ならびにコストオン工事

　工事契約に係る認識の単位について教えてください。また，いわゆるコストオン工事の収益認識の留意点についても教えてください。

Answer Point 👉

- 工事の契約において，収益認識および原価集計の単位は，当事者間で合意された実質的な取引の単位に基づきます。
- 取引に関する当事者間の合意の確証として交わされる契約書は，当事者間で合意された実質的な取引の単位を反映していることが一般的です。
- ただし，契約書が当事者間で合意された実質的な取引の単位を表していない場合には，形式的な契約書上の取引の単位にとらわれることなく，実質的な取引の単位に基づいて収益を認識し原価を集計する必要があります。
- 収益認識会計基準では，同会計基準に定義されている契約を識別し，当該契約における履行義務を識別する必要があります。また，一定の要件を満たす契約については，複数の契約を結合したうえで，履行義務を識別する必要があります。
- いわゆるコストオン工事において，当該契約における他の履行義務とは別個の履行義務と識別された場合，総額で収益認識するか純額で収益認識するか個別に検討する必要があります。

（1）工事の契約に係る収益認識および原価集計の単位

　工事の契約に係る収益認識および原価集計の単位は，工事の契約において当事者間で合意された実質的な取引の単位に基づきます。契約書は，当事者間で合意された実質的な取引の単位で作成されることが一般的です。ただし，契約書が当事者間で合意された実質的な取引の単位を適切に反映していない場合には，これを反映するように複数の契約書上の取引を結合し，または契約書上の取引の一部を分割して工事の契約に係る収益認識および原価集計の単位とする必要があります。

　ある取引を行う場合，取引の内容をどのようなものとするのか，取引の単位をどのようなものとするのか等は，すべての当事者間の契約において合意される事項となります。したがって，会計処理も合意された取引の実態を忠実に反映するように，実質的な取引の単位に基づいて行う必要があります。

　たとえば，オフィス棟とそのオフィス棟を稼動させるために不可欠な電気・空調関係の設備を設置するための機械棟の2つのビルを建設する内容となっているなど，複数の契約書に記載されている内容が，当事者間の合意を反映した実質的な1つの取引の単位である場合には，当該契約全体として，1つの収益認識および原価集計の単位とすることになります。

　一方，非常に限定的なケースではありますが，たとえば，1つの契約で商業棟とオフィス棟の2つのビルを建設する内容となっているものの，それぞれのオープン時期がまったく異なるなど，当事者間では実質的に商業棟とオフィス棟は別の取引の単位として合意している場合には，2つの単位に区分して，収益を認識することが実態を表しているというケースも考えられます。

（2）工事の契約における取引の単位の特徴

　このように，工事の契約は，当事者間の取決め等によって形式的に区分され複数となったり，逆に1つとなったりしますが，工事の契約の実質的な取引の

単位が有する特徴は，施工するゼネコン等が，その範囲の工事を完成させることによって，施主から対価に対する確定的な請求権を得ること（出来高払いのように，すでに対価の一部または全部を受け取っている場合には，その受け取った額について，確定的に保有する権限を得ること）にあります。すなわち，どの範囲の工事を完成させれば，確定的な請求権を得ることができるのかが，取引の単位を区分するメルクマールとなります。

　また，工事契約の実質的な取引の単位の中に，工事に係る部分とそれ以外の部分とが含まれていることもあります。このような場合，全体として，基本的な仕様や作業内容を顧客の指図に基づいて行う工事を目的とする契約であれば，実質的な取引の単位の全体について，工事の契約とすることが考えられます。しかし，契約内容に工事を伴っていたとしても，その工事が全体として物の引渡しを目的とする契約に付随して行われるにすぎないといえる場合には，企業会計基準第15号「工事契約に関する会計基準」（以下，「工事契約会計基準」という）の対象である工事契約とはならないと考えることが必要です。

（3）収益認識会計基準適用の影響

　Ｑ３−１で示したとおり，収益認識会計基準では，「契約」とは，法的な強制力のある権利および義務を生じさせる複数の当事者間における取決めをいい，書面に限らず，口頭や取引慣行等によっても成立します（収益認識会計基準第５項，第６項）。ここで，同一の顧客と同時またはほぼ同時に締結した複数の契約について，次の３つのいずれかに該当する場合，これらの複数の契約を結合し，単一の契約とみなして処理することになります（収益認識会計基準第27項）。

① 複数の契約が同一の商業的目的を有するものとして交渉されたこと
② １つの契約において支払われる対価の額が，他の契約の価格または履行により影響を受けること
③ 複数の契約において約束した財またはサービスが，履行義務の識別の定め（収益認識会計基準第32項〜第34項）に従うと単一の履行義務となること

建設業では，オフィスビルや商業施設等の工事において，本体工事とは異な

る顧客・異なる契約でテナント工事を受注することがありますが，Q3-1で示したとおり，一定の要件の下で複数の契約を結合し，単一の履行義務として識別することができるとされており（収益認識適用指針第102項），テナント工事のように異なる顧客と異なる契約を締結している場合でも，複数の契約を結合して単一の履行義務として会計処理するかどうか，個別に判断する必要があると考えられます。

　また，収益認識会計基準では，顧客との契約において約束した財またはサービスを評価し，顧客に約束した財またはサービスが，次の両方の要件のいずれも満たす場合には，別個の履行義務として識別します（収益認識会計基準第32項，第34項）。

① 　財またはサービスから単独で顧客が便益を享受することができること，あるいは，財またはサービスと顧客が容易に利用できる他の資源を組み合わせて顧客が便益を享受することができること

② 　財またはサービスを顧客に移転する約束が，契約に含まれる他の約束と区分して識別できること（契約の観点において別個のものとなること）

　建設業では，設計業務と施工業務を1つの契約とするケースや工事完了後のアフターサービスに対応するための定期点検業務などが工事契約に含まれているケースがあり，これらのケースでは，履行義務が別個のものかどうかを慎重に判断する必要があります。ただし，約束した財またはサービスが，顧客との契約の観点で重要性が乏しい場合には，当該約束が履行義務であるのかについて評価しないことができます（収益認識適用指針第93項）。

　さらに，識別された履行義務ごとに，企業が本人，すなわち顧客との約束が財またはサービスを自ら提供する履行義務か，企業が代理人，すなわち他の当事者によって提供されるように手配する履行義務であるかによって，収益認識を総額で行うか純額で行うか違いがあります。企業が本人である場合には，対価の総額で収益認識し（収益認識適用指針第39項），企業が代理人である場合には，報酬または手数料の純額で収益認識します（収益認識適用指針第40項）。そして，企業が本人に該当するかどうかの評価に際しては，たとえば以下の3つの指標を考慮します（収益認識適用指針第47項）。

① 　企業が当該財またはサービスを提供するという約束の履行に対して主た

る責任を有していること

② 　当該財またはサービスが顧客に提供される際，あるいは当該財または
サービスに対する支配が顧客に移転した後（たとえば，顧客が返品権を有
している場合）において，企業が在庫リスクを有していること

③ 　当該財またはサービスの価格の設定において企業が裁量権を有している
こと

　建設業では，顧客からの指示で設備業者の指定を受け，顧客，元請会社およ
び設備業者の三者で協定を結ぶいわゆるコストオン工事が行われます。ここ
で，当該コストオン工事が当該契約における他の履行義務とは別個の履行義務
と識別された場合，元請会社たる企業は本人であるとして総額で収益認識する
か，代理人として純額で収益認識するか一律に判断することはできず，コスト
オン工事の個々の状況に応じ，各工事で個別に判断する必要があります。

Q3-3 建設業の収益認識基準

建設業における収益認識基準を教えてください。

Answer Point

- 建設業の収益認識基準としては，工事進行基準と工事完成基準が あります。
- このほか，今後適用される収益認識会計基準で新たに規定された 原価回収基準や，税法で規定されている部分完成基準もありま す。

解 説

（1） 工事進行基準と工事完成基準

　一般的な収益認識基準としては，出荷基準や検収基準などがありますが，建設業の収益認識基準で基本となるのは，工事進行基準と工事完成基準です。

　工事進行基準とは，工事の契約に関して，工事収益総額，工事原価総額および決算日における工事進捗度を合理的に見積り，これに応じて当期の工事収益および工事原価を認識する方法をいいます。

　決算日における工事進捗度は，施工者が当該工事について果たすべき義務の遂行割合を合理的に反映するように見積り，決定することになりますが，通常，原価比例法と呼ばれる方法を用います。すなわち，工事の受注高（工事収益総額）に，この工事にかかると見積られる総原価（工事原価総額）と，そのうち決算日までに実際発生した工事原価とによって算出した比率（工事進捗度）を乗じ，この結果計算された金額（過年度に計上した工事収益がある場合には当該金額を差し引く）を損益計算書の工事収益に，決算日までに実際に発生した工事原価（過年度に計上した工事原価がある場合には当該金額を差し引く）

を損益計算書の工事原価にそれぞれ計上します。なお，発生した工事原価のうち，まだ損益計算書に計上されていない部分は「未成工事支出金」等の適切な科目をもって貸借対照表に計上します。

　一方，工事完成基準とは，工事の契約に関して，工事が完成し，目的物の引渡しを行った時点で，工事収益および工事原価を認識する方法をいいます。

　すなわち，工事完成基準では，工事の受注高と，この工事の総原価の実際発生額を，工事の完成・引渡しが行われた決算期において，工事収益と工事原価とにそれぞれ計上します。工事の完成・引渡しまでに発生した工事原価は，「未成工事支出金」等の適切な科目をもって貸借対照表に計上します。

　なお，工事の契約が割賦販売と同様に長期にわたって代金回収されることとなっていても，代金の回収期限到来日や入金日をもって，工事収益および工事原価を認識することは認められていない点に留意する必要があります。

(2) その他の収益認識基準

　収益認識会計基準で規定されている原価回収基準とは，履行義務を充足する際に発生する費用のうち，回収することが見込まれる費用の金額で収益を認識する方法（収益認識会計基準第15項）をいいます。工事契約会計基準では認められていない会計処理ですが，収益認識会計基準では一定の場合に適用することになります（Q３-４参照）。

　また，法人税法では，法人が請け負った建設工事等について次の事実がある場合には，その建設工事等の全部が完成しない場合でも，その事業年度において引き渡した建設工事等の量または完成した部分に対応する工事収入をその事業年度の益金の額に算入すべきであると規定されています。

①　１つの契約により同種の建設工事等を多量に請け負ったような場合で，その引渡量に従い工事代金を収入する旨の特約または慣習がある場合

②　１個の建設工事等であっても，その建設工事等の一部が完成し，その完成した部分を引き渡した都度その割合に応じて工事代金を収入する旨の特約または慣習がある場合

　これは，あくまでも，法人税法上の処理であり，会計上は工事進行基準または工事完成基準によって処理します。

Q3-4 工事進行基準と工事完成基準

工事進行基準，工事完成基準はそれぞれどのような場合に適用するのか教えてください。

Answer Point

- 工事進捗部分について，「成果の確実性」が認められる場合には工事進行基準を適用し，認められない場合には工事完成基準を適用します。
- 「成果の確実性」が認められるためには，工事収益総額，工事原価総額および決算日における工事進捗度の3つの要素について信頼性をもって見積ることができなければなりません。
- ただし，工期がごく短いものは，通常，工事完成基準を適用することになります。
- 収益認識会計基準では，一定の要件を満たす場合には一定の期間にわたり収益を認識しますが，一定の要件を満たさない場合，もしくは代替的な取扱いを採用した場合には一時点で収益を認識します。また，一定の要件は満たすが，発生する費用は回収できると見込まれるものの進捗度を合理的に見積ることができない場合には原価回収基準にて収益を認識します。

解説

(1)「成果の確実性」

工事契約に関して，工事の進行途上においても，その進捗部分について成果の確実性が認められる場合には工事進行基準を適用し，この要件を満たさない場合には工事完成基準を適用します。そして，この成果の確実性は，次の各要

素について，信頼性をもって見積ることができて初めて認められることになります。

① 工事収益総額
② 工事原価総額
③ 決算日における工事進捗度

①　工事収益総額

　信頼性をもって工事収益総額を見積るための前提として，そもそも工事の完成見込みが確実であることが必要となります。このためには，施工者に当該工事を完成させるに足りる十分な能力があり，かつ，完成を妨げる環境要因が存在しないことが必要です。加えて，工事契約に実体があることも必要となります。すなわち，契約の解約可能性が少ないこと，または，仮に工事途上で契約が解約される可能性があっても，解約以前に進捗した部分については，それに見合う対価を受け取ることの確実性が存在することが必要となります。

　また，信頼性をもって工事収益総額を見積るためには，工事の契約において当該工事についての対価の定めがあることも必要となります。「対価の定め」とは，当事者間で実質的に合意された対価の額に関する定め，対価の決済条件および決済方法に関する定めをいいます。なお，対価の額に関する定めには，対価の額が固定額で定められている場合のほか，その一部または全部が将来の不確実な事象に関連づけて定められている場合もあり，必ずしも固定額である必要はありません。

②　工事原価総額

　信頼性をもって工事原価総額を見積るためには，工事原価の事前の見積りと実績を対比することにより，適時・適切に工事原価総額の見積りの見直しが行われることが必要です。いわゆる予実分析を通じて，原価見積額の過不足を確認していくことになります。

③　決算日における工事進捗度

　決算日における工事進捗度を見積る際には，施工者が当該工事について果たすべき義務の遂行割合を合理的に反映するように見積り，決定することになります。決算日における工事進捗度を見積る際の原則的な方法である原価比例法（Q3-3参照）を採用する場合には，②工事原価総額に記載のとおり，適時・適切に工事原価総額の見積りの見直しが行われていれば，通常，決算日における工事進捗度も信頼性をもって見積ることができるといえます。

$$原価比例法による工事進捗度 = \frac{決算日までに発生した工事原価}{決算日までに見込んだ工事原価総額}$$

(2)　工事完成基準の会計処理

　成果の確実性が認められず，工事完成基準を適用する場合には，工事が完成し，目的物の引渡しを行った時点で，工事収益および工事原価を損益計算書に計上します。また，工事の完成・引渡しまでに発生した工事原価は，「未成工事支出金」等の適切な科目をもって貸借対照表に計上します。

　なお，工期がごく短いものは，通常金額的な重要性が乏しいばかりでなく，工事の契約としての性格が乏しい場合も多くなると考えられるため，工事進行基準を適用して工事収益総額や工事原価総額の按分計算を行わず，工事完成基準を適用することになると考えられます。

(3)　収益認識会計基準適用の影響

　Q3-1で示したとおり，収益認識会計基準では一定の要件を満たす場合，一定の期間にわたり履行義務を充足し収益を認識することになります（収益認識会計基準第38項）。

　ここで顧客の土地の上に建設を行う工事契約の場合には，通常，顧客は企業の履行から生じる仕掛品を支配するため（収益認識会計基準第136項），一定の期間にわたり履行義務を充足して収益認識すると考えられます。一方，一定の要件をいずれも満たさない場合には，一時点で充足される履行義務として収益

を認識することになります（収益認識会計基準第39項）。

　また，工事契約会計基準では，「成果の確実性」がなければ工事完成基準を適用することになりますが，収益認識会計基準では，履行義務の充足に係る進捗度を合理的に見積ることができないが，当該履行義務を充足する際に発生する費用を回収することが見込まれる場合には，進捗度を合理的に見積ることができる時まで，原価回収基準を適用することになります（収益認識会計基準第45項）。なお，Q3-1で示したとおり，契約の初期段階においては一定の要件を満たす場合，原価回収基準は採用しない代替的な取扱いが認められています（収益認識適用指針第99項）。

Q3-5 工事進行基準：工事収益総額の見積り

工事進行基準の適用要件の1つである工事収益総額の見積りについて教えてください。

Answer Point

- 工事収益総額について信頼性をもって見積るためには，工事の完成見込みが確実であることと，工事契約において当該工事についての対価の定めがあることが必要です。
- 収益認識会計基準では，工事収益について「変動対価」や「重要な金融要素」の扱いに留意する必要があります。

解 説

（1）受注の認識時期

　建設会社は，官庁工事の場合と民間工事の場合による手続の違いはありますが，広い意味では施主への見積り提示を行い，その後の交渉を経て工事を請け負うことになります。このように，工事は施主との交渉の後，契約を締結して初めて受注が確定するため，工事請負契約書に基づく契約を締結した時点で受注を認識することが一般的です。

（2）工事進行基準と工事収益総額

　受注計上した工事契約については，工事契約会計基準第9項の定めに基づき，工事の進行途上においても，その進捗部分について「成果の確実性」が認められる場合には工事進行基準を適用し，認められない場合には工事完成基準を適用することになります。そして，この「成果の確実性」は，①工事収益総額，②工事原価総額，③決算日における工事進捗度の各要素について，「信頼

性をもって見積ることができ」て初めて認められることになります（Q3-4参照）。

　すなわち，工事収益総額に焦点を絞れば，工事収益総額について「信頼性をもって見積ることができる」場合には，工事原価総額および決算日における工事進捗度といった，その他の要素の信頼性の見積り等も踏まえて「成果の確実性」を検討し，「成果の確実性」が認められる場合には工事進行基準を適用することになります。

(3) 工事収益総額の信頼性

　工事進行基準を採用している場合の工事収益総額については，上記のとおり「信頼性をもって見積ることができる」必要がありますが，工事契約会計基準第10項によれば，その前提条件として，工事の完成見込みが確実であることが必要とされています。このためには，施工者に当該工事を完成させるに足りる十分な能力があり，かつ，完成を妨げる環境要因が存在しないことが必要です。

　したがって，施工者自身に係るものであるか否かを問わず，工事の完成を妨げる可能性のある重要な要因が存在する場合には，この前提を満たさないことになります。すなわち，施工中の予期せぬ事故により工事を中断せざるを得ない場合や施主と追加の設計変更契約の調整がつかずに工事を中断せざるを得ない場合などには，前提条件を満たさなくなることも想定されるため，留意が必要です。

　また，工事契約会計基準第11項によれば，信頼性をもって工事収益総額を見積るためには，工事契約において当該工事についての対価の定めがあることも必要とされています。「対価の定め」とは，当事者間で実質的に合意された対価の額に関する定め，対価の決済条件および決済方法に関する定めをいい，対価の額に関する定めには，対価の額が固定額で定められている場合のほか，その一部または全部が将来の不確実な事象に関連づけて定められている場合があります。

　対価の定めについては，契約額が確定していれば問題にはなりませんが，本体工事に付随する追加の設計変更工事を行った場合などに，契約の締結が遅れ

ることがあります。そのような場合には，実質的な合意の有無が問題となるため，十分に留意する必要があります。また，「その一部または全部が将来の不確実な事象に関連づけて定められている場合」とは，特別な要因により工期内に主要な工事材料等の価格が著しく変動し，請負金額が不適当となったときに，請負金額の変更を請求できる条項（スライド条項）のある契約等を指します。

（4）収益認識会計基準適用の影響

　収益認識会計基準では，一般的な建設業の工事契約は，一定の期間にわたり収益を認識することになると考えられますが（Q3‐4参照），「変動対価」「重要な金融要素」の扱いに留意する必要があります。

　「変動対価」とは，顧客と約束した対価のうち変動する可能性のある部分をいい（収益認識会計基準第50項），たとえば，リベート，インセンティブ，業績に基づく割増金，ペナルティーなどがあります。

　顧客と約束した対価に「変動対価」が含まれる場合，対価の額を見積ることになります。変動対価の額の見積りにあたっては，発生しうると考えられる対価の額における最も可能性の高い単一の金額（最頻値）による方法または発生しうると考えられる対価の額を確率で加重平均した金額（期待値）による方法のいずれかのうち，対価の額をより適切に予測できる方法を用い（収益認識会計基準第51項），変動対価の額に関する不確実性が事後的に解消される際に，解消される時点までに計上された収益の著しい減額が発生しない可能性が高い部分に限り，取引価格に含めることになります（収益認識会計基準第54項）。

　建設業で変動対価に該当すると考えられる例として，工期を短縮したことによる割増金や工期遅延によるペナルティー，第三者による検査で所定の評点を達成した場合の報奨金などがあります。

　また，契約の当事者が明示的または黙示的に合意した支払時期により，財またはサービスの顧客への移転に係る信用供与についての重要な便益が顧客または企業に提供される場合には，顧客との契約は「重要な金融要素」を含むものとされます（収益認識会計基準第56項）。

　顧客との契約に「重要な金融要素」が含まれる場合，取引価格の算定にあたっ

ては，約束した対価の額に含まれる金利相当分の影響を調整し，収益は対価の額から金利相当分を除いた現金販売価格で認識することになります（収益認識会計基準第57項）。ただし，契約における取引開始日において，約束した財またはサービスを顧客に移転する時点と顧客が支払を行う時点の間が1年以内であると見込まれる場合には，重要な金融要素の影響について約束した対価の額を調整しないことができます（収益認識会計基準第58項）。

　建設業では，工期が長期間にわたる工事もあり，工事代金の回収時期もさまざまであるため，工事契約ごとに重要な金融要素を含むかどうかを慎重に判断する必要があります。なお，金融要素が重要かどうかの判断は，契約単位で行うことで足り，金融要素の影響が個々の契約単位で重要性に乏しい場合には，当該影響を集計した場合に重要性があるとしても，金融要素の影響について約束した対価の額を調整する必要はありません（収益認識適用指針第128項）。

Q3-6 工事進行基準：工事契約の変更がある場合

工事進行基準を採用している場合において，工事の追加や削減，工事の内容または対価の定めの変更により，工事契約に変更が生じた場合の取扱いを教えてください。

Answer Point

- 工事契約の変更は見積りの変更として処理し，その見積りの変更が行われた期に影響額を損益として処理します。
- 収益認識会計基準では，契約の変更を既存の契約の一部であるかのように処理するか，もしくは新たな別個の契約として識別するか判断することになり，現状の処理と異なる可能性があります。

解説

（1）工事契約の変更

既存の工事契約に関して，当事者間の新たな合意等によって，工事の追加や削減，工事の内容（仕様（機能を含む），設計，デザイン，工事方法（使用する技術等を含む），場所，工期等）の変更もしくは対価の定めの変更が行われることがあります。企業会計基準適用指針第18号「工事契約に関する会計基準の適用指針」（以下，「工事契約適用指針」という）第5項では，工事契約の変更を「当事者間の実質的な合意による工事の追加や削減，工事の内容又は対価の定めの変更のうち，これらの変更が当初の工事契約とは別の認識の単位（工事契約会計基準第7項）として扱われないものをいう。」と定義し，その会計処理を定めています。

（2）認識の単位

　工事契約適用指針における工事契約の変更，すなわち，既存の契約部分と別の認識の単位として扱われないものについては，見積りの変更として会計処理を行うことになり（工事契約適用指針第5項），具体的には，工事進行基準が適用される場合において，工事収益総額，工事原価総額または決算日における工事進捗度の見積りが変更されたときには，その見積りの変更が行われた期に影響額を損益として処理することとなります（工事契約会計基準第16項）。

　なお，工事の追加，内容の変更等のうち，既存の契約部分と別の認識の単位とすべきものについては，既存の契約部分とは独立して会計処理を行うことになります（Q3-2参照）。

（3）認識のタイミング

　工事契約適用指針第5項には，「工事契約の変更により対価の定めが変更される場合には，そのことが当事者間で実質的に合意され，かつ，合意の内容に基づいて，対価の額を信頼性をもって見積ることができることとなった時点で工事収益総額に含めるものとする。」とあり，実務上は，認識の単位以上に，この認識のタイミングが重要な論点となるため，個別の契約ごとに実質的に判断し，その論拠を明確にしたうえで会計処理を行う必要があります。

例1）　工事進行基準の会計処理―工事契約の変更がある場合

1．前提条件

・工事進行基準の適用要件を満たし，工事進捗度は原価比例法により決定する。
・工期3年（X1年度〜X3年度）

	X1年度	X2年度	X3年度
工事収益総額	100百万円	120百万円 （見直し）	120百万円
工事原価総額	80百万円	100百万円 （見直し）	100百万円
発生原価	20百万円	30百万円	50百万円

- X2年度末に契約内容の変更により，工事収益総額と工事原価総額の見直しが行われた。

2．X1年度の会計処理

① 工事原価の計上 （単位：百万円）

（借）完 成 工 事 原 価 20 （貸）諸 勘 定 20
（工事未払金等）

② 工事収益の計上

（借）完 成 工 事 未 収 入 金 25 （貸）完 成 工 事 高 25[*1]

（＊1）100百万円×25%（＝20百万円÷80百万円）＝25百万円

3．X2年度の会計処理

① 工事原価の計上 （単位：百万円）

（借）完 成 工 事 原 価 30 （貸）諸 勘 定 30
（工事未払金等）

② 工事収益の計上

（借）完 成 工 事 未 収 入 金 35 （貸）完 成 工 事 高 35[*2]

（＊2）120百万円×50%｛＝（20百万円＋30百万円）÷100百万円｝
－25百万円＝35百万円

4．X3年度の会計処理

① 工事原価の計上 （単位：百万円）

（借）完 成 工 事 原 価 50 （貸）諸 勘 定 50
（工事未払金等）

② 工事収益の計上

（借）完 成 工 事 未 収 入 金 60 （貸）完 成 工 事 高 60[*3]

（＊3）120百万円－（25百万円＋35百万円）＝60百万円

（4）収益認識会計基準適用の影響

　収益認識会計基準では，工事契約の変更がある場合，以下の図表3-6に従い会計処理を決定することになります（収益認識会計基準第28項～第31項）。

図表3-6　契約変更のフロー

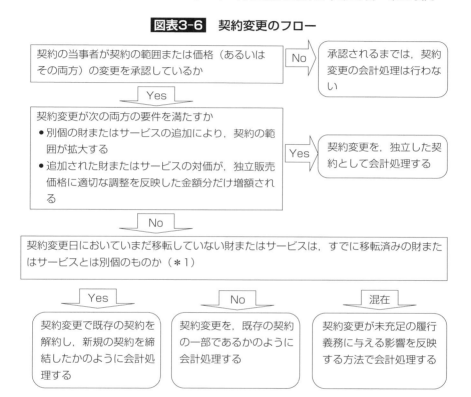

　建設業では，工事範囲の追加等に伴い契約変更が多数発生します。たとえば，トンネル掘削の設計変更による契約変更であれば，契約変更日においていまだ移転していない財またはサービスは，すでに移転済みの財またはサービスと別個のものではない（図表内＊1）ことが多く，従来の実務と同様に契約変更を既存の契約の一部であるかのように会計処理する（収益認識会計基準第31項(2)）可能性が高いと考えられますが，一方本体工事とは別の建屋を建設す

るような契約を，契約変更として既存契約の一部として会計処理しているケースでは，従来の実務とは異なる会計処理が求められる可能性があります。

また，建設業では契約変更が多数生じ，なかには取引金額が未決定の契約もありますが，その場合には変動対価の見積りと同様に取引価格の変更の見積りを実施することになります（収益認識会計基準第29項）。従来の実務において行われてきた合理的な見積りは，最も可能性の高い単一の金額，すなわち最頻値に該当する可能性が高いと考えられます。

なお，Q3−1で示したとおり，一定の要件を満たす場合，すでに移転済みの財またはサービスと別個のものか否かにかかわらず，会計処理を選択適用することができます（収益認識適用指針第92項）。

Q3-7　工事進行基準：進行基準適用の中止

工事進行基準の適用を中止する場合について留意すべき事項があれば教えてください。

Answer Point 👆

- 工事進行基準適用工事について，事後的な事情の変化により成果の確実性が失われた場合には，成果の確実性について信頼性をもって見積ることが可能となるまで，その時点から工事進行基準の適用を中止し，工事完成基準を適用します。
- 工事進行基準を中止した場合，原則として過去の会計処理に影響は及ぼさず，将来に向かって工事完成基準を適用します。
- 収益認識会計基準では，一定の要件を満たす場合には一定の期間にわたり収益を認識しますが，一定の要件を満たさない場合，もしくは代替的な取扱いを採用した場合には一時点で収益を認識します。また，一定の要件は満たすが，履行義務を充足する際に発生する費用は回収できると見込まれるものの進捗度を合理的に見積ることができない場合には原価回収基準にて収益を認識します。

解説

（1）工事進行基準の適用の中止

工事契約に係る工事収益および工事原価の認識基準は，当該工事契約について成果の確実性が認められるか否かによって工事進行基準または工事完成基準を適用します（工事契約会計基準第9項）。他方，工事を取り巻く状況は変化するため，当初に採用した収益の認識基準が工事物件の完成・引渡しまで継続

的に適用されるとは限りません。

　工事進行基準を採用している工事について，その工事の中途で工事進行基準を適用するための見積りの3要素，すなわち，工事収益総額，工事原価総額，決算日における工事進捗度のうち，いずれかでも信頼性のある見積りができなくなった場合には，それ以降の工事収益および工事原価の認識について，工事完成基準を適用することになります（工事契約適用指針第4項）。これは，成果の確実性が失われた場合には，工事進行基準の適用要件を満たさず，それ以降は工事進行基準を継続して適用することができないと考えられているためです。

　ただし，工事進行基準の適用を中止しても，過去の処理は，その時点において成果の確実性が認められていれば，原則的に遡及修正までは求められていません（工事契約適用指針第4項）。これは，事後的な事情の変化を会計事実の変化と考えており，過去の工事収益および工事原価を計上していた時点で成果の確実性が認められていたとすれば，当該会計処理の事後的な修正までは必要ないと考えられているためです。

（2）成果の確実性の事後的な獲得

　工事進行基準の適用要件を満たさないと判断したものの，状況の変化により工事進行基準の適用要件を満たすことになった場合，その時点より工事進行基準を適用することになります（工事契約適用指針第3項）。

　たとえば，当初は工事進行基準の適用要件を満たさないと判断されたものの，着工後に請負金額や仕様などの工事の基本内容の決定によって，信頼性をもって工事進行基準の適用のための3要素を見積ることが可能となった場合などが考えられます。

　しかし，単に工事の進捗に伴う成果の確実性が相対的に増したことのみをもって，工事進行基準に変更することは認められていません（工事契約適用指針第3項）。これは，工事の進捗に伴う成果の確実性が相対的に増したことのみをもって途中で工事契約に係る認識基準の変更を容認すると，収益認識が恣意的に操作されるおそれがあり，適切ではないと考えられているためです。

（3）収益認識会計基準適用の影響

　収益認識会計基準では，顧客の土地の上に建設を行う建設業の工事契約は，一定の期間にわたり収益を認識することになると考えられます（Q３-４参照）。そして，工事契約会計基準では，「成果の確実性」がなければ工事完成基準を適用することになりますが，収益認識会計基準では，履行義務の充足に係る進捗度を合理的に見積ることができないが，当該履行義務を充足する際に発生する費用を回収することが見込まれる場合には，進捗度を合理的に見積ることができる時まで，原価回収基準を適用することになります（Q３-４参照）。

　このため，工事の中断などにより工事の中途で進捗度を合理的に見積ることができなくなったものの，履行義務を充足する際に発生する費用を回収することが見込まれる場合には，その時点から原価回収基準を適用することになると考えられます（収益認識会計基準第154項）。

Q3-8 工事完成基準

工事完成基準を適用する工事において，完成時における工事収益の会計処理について教えてください。

Answer Point ☝ ················

- 工事が完成し，目的物の引渡しを行った時点で完成工事高を計上します。
- 完成時においても請負金額が確定しない場合は，請負金額を適切に見積ったうえで完成工事高を計上します。
- 請負金額の見積りにより計上された完成工事高とその後の期において請負金額が確定した場合における差額について，原則その差額が発生した年度の完成工事高として計上します。
- 収益認識会計基準では，工期がごく短い工事については一定の期間にわたり収益を認識せず，完全に履行義務を充足した時点で収益を認識することができます。

（1）工事完成基準工事の工事収益の会計処理

工事完成基準は，工事が完成し，目的物の引渡しを行った時点で工事収益および工事原価を認識します。この場合は，工事収益は確定した請負金額に基づいて計上されるのが原則です。しかし，契約の締結が遅れる場合や施工間際の追加工事や設計変更などにより，工事が完成しているにもかかわらず請負金額が確定していないことがあります。

このような場合であっても，すでに工事が完成し，実質的に引渡しが完了している事実がある場合には完成工事高を計上します。そのため，請負金額の適

切な見積りに基づき完成工事高を計上することになります。

　請負金額の具体的な見積方法として，過去の同種工事の実績，過去の工事における発注者の査定傾向，発注者との交渉経緯などを考慮した見積りが考えられます。

(2) 請負金額を見積る際の留意事項

　請負金額の見積りにあたっては，一般的に会計上の見積りには恣意性が介入しやすいため，当該見積りに係る社内ルールの整備，必要な根拠証憑の入手と作成などにより，工事進行基準の工事収益総額の見積りと同等の水準の見積りの合理性を担保する内部統制の整備運用が必要です。他方，請負契約書において，資材価格や労務費の高騰に対応して価格調整条項（物価スライド条項）が定められている場合，この条項に応じた請負金額の見積りが必要です。

　なお，対価の請求ができるか否かが不明な場合には，請負金額を合理的に見積ることはできません。当該未確定の対価については，現在の交渉状況等に基づいた請負金額の見積りが必要です。

(3) 確定差額の処理

　工事完成基準を適用する工事について完成工事高を見積計上した場合，事後的に確定した請負金額と差額が生じる場合があります。

　請負金額が確定していない期において請負金額の見積りにより計上された完成工事高と翌期以降において請負金額が確定した場合における差額は，その過去の見積りの方法がその見積りの時点で合理的なものであれば，通常は多額になることは少なく，建設業において毎期のように発生します。そのため，確定差額はその差額が発生した期の完成工事高に加減して処理を行うことが一般的です。

　なお，決算日後に請負金額が確定した場合は，当該影響を当期の見積りに反映するかについて検討する必要があります。当該事象が決算日現在の状況に関連する会計上の判断ないし見積りをするうえで追加的に客観的な証拠を提供するものであって，これによって当該事象が発生する以前の段階における判断または見積りを修正する必要が生じる場合には，当決算に影響を及ぼすことか

ら，当該影響額を損益に反映することになります。

（4）収益認識会計基準適用の影響

　収益認識会計基準では，一般的な建設業の工事契約は，一定の期間にわたり収益を認識することになると考えられますが（Q3-4参照），Q3-1で示した一定の期間に収益を認識する要件をいずれも満たさない場合には，一時点で充足される履行義務として収益を認識することになります。そして，工事契約会計基準では，「成果の確実性」がなければ工事完成基準を適用することになりますが，収益認識会計基準適用後は，履行義務の充足に係る進捗度を合理的に見積ることができないが，当該履行義務を充足する際に発生する費用を回収することが見込まれる場合には，進捗度を合理的に見積ることができる時まで，原価回収基準を適用することになります（Q3-4参照）。

　なお，代替的な取扱いとして工期がごく短い工事については，一定の期間にわたり収益を認識せず，完全に履行義務を充足した時点で収益を認識する（収益認識適用指針第95項）ことも認められています。

Q3-9　工事原価総額：実行予算の設定

　工事進行基準を適用するにあたって，工事原価総額を見積る際の留意点があれば教えてください。

　また，実行予算の編成にあたりVE（Value Engineering）やCD（Cost Down）を見込んでいます。VEやCDを工事原価総額に含めるにあたって留意すべき事項があれば教えてください。

Answer Point 👆

- 工事原価総額の信頼性をもった見積りを行うためには，事前の見積りと実績を対比して適時・適切な見積りの見直しができるような管理体制の整備が必要です。
- 工事原価総額は個別工事の設計・仕様・施工方法等を反映した資材量や工数とともに，市況等の外部要因に影響を受けやすい資材単価や労務単価の見積りをもとに積上げで計算することが必要です。
- VEやCDといった原価改善を工事原価総額に反映させる際にはその実現可能性に留意する必要があります。

解説

（1）工事原価総額の信頼性をもった見積り

　工事進行基準を適用するためには，工事収益総額だけでなく工事原価総額についても信頼性をもって見積りができることが必要であり，工事原価の事前の見積りと実績を対比することによって，適時・適切に工事原価総額の見積りの見直しを行うことが必要です（工事契約会計基準第12項）。

　工事原価総額は工事契約着手後においてもさまざまな状況の変化によって変

動することから，信頼性をもった見積りを行うためには，見積りが工事の各段階における工事原価の見積りの詳細な積上げで構成されている等，実際の原価発生と対比して適切に見直しができる状態となっていることが重要です。そのため，工事契約に関する実行予算や工事原価等に関する管理体制の整備が不可欠であると考えられます（工事契約会計基準第50項）。

（2）実行予算の設定

営業段階において見積書提出のために作成された工事原価総額の見積りは，受注確定後にさらに詳細に見直しが行われ実行予算として作成されます。この実行予算は建設業における原価管理の基礎となるとともに，会計上も工事進行基準適用のために不可欠なものとして非常に重要です。実行予算は具体的には，対象工事の設計書，仕様書に基づいて施工方法，施工期間，投入資材・人員等が計画され，その施工計画で必要とされる資材数量・投入工数を見積るとともに，資材単価や労務費単価については過去の実績に現在の市況を加味した見積りを行って，積上げで計算されます。

（3）実行予算の種類

実行予算には，その目的に応じて主に以下の2種類があります。

① 費目別実行予算

建設業法では，完成工事原価について材料費，労務費，外注費，経費の4つに分けて完成工事原価報告書を作成し報告することが求められています。

② 工種別実行予算

工種別実行予算は仮設工事，土工事，型枠工事などの基礎工事，構造物本体の躯体工事，内装工事，構造物周りの外構工事といった工事の流れに従った各段階での工事種類を基本として作成される予算です。施工計画に従った実際の工事の流れや施工区分と対比しやすいことから，工事原価管理，特に現場における管理のために利用されます。

（4）実行予算の設定における留意事項

　建設工事は発注者のさまざまな要望に応じて，その規模，構造，工法，工期は多種多様であり，同一の工事はほとんどありません。このような個別性が高い工事の工事原価総額を見積る際には，対象となる種類の工事についての豊富な知識・経験を持った人員が設計部門，技術部門，購買部門等と連携して原価を見積る必要があります。資材費や労務費については，特殊な資材の調達可能性，特定地域での作業人員の需給バランス，市況による単価の変動可能性等に十分留意して見積ることが必要です。また，建設業では実行予算に占める外注費の比率が高いことから，対象工事に必要とされる技術・作業遂行能力を有した外注業者の選定とともにその外注費用の見積書を事前に入手するなどして適切に見積ることが重要です。

（5）VEやCDの実行可能性

　「VE（Value Engineering）とは，製品やサービスの『価値』を，それが果たすべき『機能』とそのためにかける『コスト』との関係で把握し，システム化された手順によって『価値』の向上をはかる手法」です（出所：日本バリュー・エンジニアリング協会HP　http://www.sjve.org/）。建設業においては発注者が求める機能を確保しながら施工方法等の工夫・改善によりコストを削減していくため，入札時における元積りの検討段階や契約後にもVEが行われることがあります。また，CD（Cost Down）とは純粋にコストを削減するためのさまざまな手法です。このようなVEやCDが予定されている場合には，工事原価総額を見積るに際して技術的な実行可能性や発注者の意向などを把握し，その実現可能性を十分に検討する必要があります。

Q3-10　工事原価総額：実行予算の見直し

実行予算の見直しにあたって留意すべき事項があれば教えてください。

Answer Point 👆

- 実行予算は定期的に見直しが必要です。
- 自然災害や労災事故等のトラブルの発生，工事遅延，資材価格・労務費の変動，設計変更，施工方法変更等があった場合には，当初実行予算設定時の諸条件を見直して必要に応じて実行予算を修正します。
- 実行予算の見直しや修正に際しては，業績目標達成やトラブル隠蔽等のために恣意的な予算見直しや修正が行われていないかに，特に留意する必要があります。

解説

（1）実行予算の見直しの必要性

実行予算は，工事原価総額の見積りとして工事原価管理の重要なベース数値となるとともに，工事進行基準を適用して適切な工事損益計算を行うための計算の基礎としても非常に重要な定量的な基準となります。

工事原価総額は工事契約着手後においてもさまざまな状況の変化により変動することが多いため，工事進行基準の適用に際して信頼性をもった工事原価総額の見積りを行うためには事前の見積りと実績を対比することによって，適時・適切に工事原価総額の見積りの見直しが行われる必要があります（工事契約会計基準第50項）。

たとえば，工事原価総額が資材価格の変動などにより大きく影響を受ける場

合，実行予算（工事原価総額）が当初のまま見直しが行われないと，最終工事損益見込みを適切に算定できず，資材や調達先の変更等の工事原価改善のために必要な対応を迅速にとることができなくなってしまいます。また，工事進行基準を適用している場合には，工事進捗度を算定する際の分母となる工事原価総額の金額が適切に見直しや修正が行われないと，結果として算定される工事進捗度や工事損益が誤って計算されてしまいます。

当初実行予算策定時のさまざまな前提や見積りは，建設工事が長期間にわたるという特殊性を考えると変動していくことがむしろ一般的であり，月次，四半期等の頻度で定期的に見直しを行うことが不可欠であるといえます。

（2）実行予算の適時な見直しや修正

実行予算の見直しは，定期的に行うとともに資材価格の高騰，労務費単価の上昇，設計変更（Q3-6参照）等の外部要因により工事原価総額の変動が想定される場合や，労災事故発生による工事遅延や工事ミスによる手直し工事等の内部要因による工事原価総額の変動が想定される場合などには，速やかに見積りと実績を比較したうえで実行予算を見直し，修正を行っていくことが必要です。また，このような実行予算の見直しについては，会社として見直し事由，修正方法，社内承認手続等について社内規程を作成し適切に運用していくことが必要です。

（3）実行予算の見直しに関する留意点

実行予算の見直しが適時・適切に行われることが，原価管理目的からも財務報告目的からも重要ですが，当初実行予算の策定と同様にその見直しや修正に際しても見積りの要素が多く，ともすれば恣意的な判断により工事損益計算が歪められてしまう危険性もあります。たとえば，資材価格の高騰や工賃上昇等により工事原価総額が上昇することが明らかに避けられない状況にもかかわらず，個人，作業所，支店等の業績目標達成へのプレッシャーから適時に実行予算の修正が行われないようなケースが考えられます。

実行予算見直しによって工事損益が改善されたような場合にはその見直し理由が合理的で客観的な証拠に裏づけられているかなどに留意する必要がありま

す。また，実行予算見直しによって工事損益が悪化しているような場合でも，その理由を十分に検証し悪化要因の数値的影響が十分に反映されているかどうか，あるいは他の事故やトラブルなどがないかなどに留意する必要があります。

（4）実行予算（工事原価総額）の見積りの四半期決算上の取扱い

　実行予算（工事原価総額）は月次，四半期等の頻度で定期的に見直しを行うことが原則ですが，実行予算（工事原価総額）の見直しには実務上多くの手間を要するため，四半期決算ごとに行う場合には実務上の負荷はかなり大きなものになります。そこで，工事契約適用指針では「四半期会計期間末における工事原価総額が，前事業年度末又は直前の四半期会計期間末に見積った工事原価総額から著しく変動していると考えられる工事契約等を除き，前事業年度末又は直前の四半期会計期間末に見積った工事原価総額を，当該四半期会計期間末における工事原価総額の見積額とすることができる」（工事契約適用指針第30項）とし，簡便的な処理を認めています。ここで工事原価総額が「著しく変動している」とは，たとえば，大幅な設計変更や追加工事あるいは資材価格や労務費単価の高騰などが考えられ，これらの事実がある場合には適切に工事原価総額の見直しを行う必要があります。

Q3-11 工事進行基準：工事原価総額の見積りの変更

工事原価総額の見積りを変更する場合の会計処理および留意すべき事項があれば教えてください。

Answer Point

- 工事原価総額の見積りが変更されたときには，その見積りの変更が行われた期に影響額を損益として処理します。
- 決算日後に工事進行基準の見積りに影響を与える事象が発生した場合，その影響額を当期に反映するか否かを検討することが必要です。

解　説

(1) 工事原価総額の見積りの変更が生じる場合の会計処理

　工事原価総額は，工事原価の実際発生額と今後の発生予定額の合計額です。工事原価総額の見直しは，一般的に個別の工事契約単位ごとに工事原価の実際発生額と実行予算の対比によって行います。工事原価の予算と実績の差異には，工事原価の実際発生額への影響に限定されるものと工事原価の今後発生予定額にも影響を与えるものがあります。工事原価の実際発生額への影響に限定される差異とは，一時的な手待ちや工事の手直し等の一過性の原因によるものです。この場合，今後発生予定額には影響を与えないため，工事原価総額は既発生部分を実際発生額に置き換えることで算定できます。

　一方，工事原価の今後発生予定額にも影響を与える差異は，以下の工事内外の環境の変化に起因して，今後発生の予定原価が変動する可能性があるため，工事原価総額の見積りの変更が生じることがあります。

① 工事の内部環境の変化に起因するもの

工事原価総額は，既存の工事契約に関して，当事者間の新たな合意等によっ
て，工事の追加・中断，工事の内容（仕様，設計，工法，場所，工期等）の変
更が行われ，見積りの変更が必要になることがあります。また，工事原価総額
を見積るにあたって，工事原価の圧縮を目的として，今後予定されているVE
（Value Engineering）提案やCD（Cost Down）の見込額を考慮して工事原価
総額を見積る場合もあります。この場合，VE提案として利幅の取れる工法へ
の変更を予定していたにもかかわらず，当該工法が発注者に認められないケー
スや特定の仕入業者の利用により材料費のCDを予定しても，発注者が仕入業
者を指定し，当初の材料費の削減が図れないケースなど，VEやCDが当初の思
惑どおりに実現できないことがあります。

② 工事の外部環境の変化に起因するもの

主要な工事材料や労務費・外注費等の価格変動により，工事原価総額の見積
りの変更が必要になることがあります。工事の受注時点と工事材料の発注時点
とのタイムラグにより資材高騰・下落による変動の影響を受けるケースなどが
これに当たります。そのほかに自然災害，下請先の倒産，工事近隣住民等との
トラブルや訴訟なども挙げられます。

③ 会計処理

この場合の見積りの変更による影響額は，変更した期にすべてを損益として
処理します（工事契約会計基準第16項）。これは，修正の原因は当期に起因す
ることが多いと考えられることや実務上の便宜を考慮してのことです（工事契
約会計基準第58項）。

なお，大幅な工事原価総額の見直しが必要になる場合には，工事原価総額の
信頼性をもった見積りが適切に行えていたかどうかを慎重に検討し，工事進行
基準の継続適用が適切かどうかを判断する必要があります。

（2）決算日後に見積りの変更が生じた場合

決算日後に（1）①や②の事象が発生した場合，当該影響を当期の見積りに

反映するかについて検討する必要があります。

　当該事象が決算日現在の状況に関連する会計上の判断ないし見積りをするうえで追加的に客観的な証拠を提供するものであって，これによって当該事象が発生する以前の段階における判断または見積りを修正する必要が生じる場合には，当決算に影響を及ぼすことから，当該影響額を損益に反映することになります。

　このように工事原価総額の見積りの変更の漏れがないことを慎重に確認する必要があるため，適時・適切に工事原価総額を見直す社内体制が構築され，継続的に維持されていることが重要です。

Q3-12 工事原価：納品・出来高の認定

工事原価の計上にあたり，以下についての留意事項を教えてください。

(1) 仮設資材の売戻しや反復利用について
(2) 専用機械（シールドマシン等）の使用について
(3) 仮設事務所等の設置について
(4) 建設機械等の使用について

Answer Point ☝

- 工事進行基準の適用に際しては，建設業に特有の原価の取扱いに留意する必要があります。
- 工事進捗度は，原価比例法等の方法により，工事契約での施工者の履行義務全体と決算日においてすでに遂行した履行義務を対比して算定されます。

工事原価の計上は，工事で使用する資材に関する材料費については資材の検収，外注費は請負業者からの作業報告（出来高報告）に関する施工者の承認・認定をもって行われるのが一般的です。

(1) 仮設資材の売戻しや反復利用の取扱い

建設工事においては，建築物自体を構成する資材以外にも工事をスムーズかつ安全に行うために足場・梯子，危険防止用ネット，型枠等の仮設資材が利用されます。このような仮設資材は一般に反復的に使用することが可能なことから，資材業者に売り戻されたり，引き続き他の工事で利用されたりすることが

あります。したがって，仮設資材を新規購入したような場合にはその購入費用のすべてを最初に使用した工事にのみ負担させてしまうとその工事の原価計算を歪めてしまうことになります。

　工事完成基準が適用される工事では，工事現場に投入された時点で仮設資材購入費用をいったん未成工事支出金勘定に含めて処理し，その後利用が完了し仮設資材が搬出された時点でその資産価値を適正に評価し，対応する未成工事支出金から控除して残存する資産価値が工事原価に含まれないよう会計処理を行います。

　一方，工事進行基準では工事現場に投入された時点で仮設資材購入費用をいったん工事原価に含めて処理し，売戻し時に工事原価から控除してしまうと，投入時点で進捗率が進み，売戻し時に進捗率が戻ることになってしまうため，適切ではありません。適切に工事原価を算定して工事進捗度を算定するために，仮設資材購入費用からあらかじめ売戻しによる回収可能見積額を控除する必要があります。

(2) 専用機械（シールドマシン等）の取扱い

　シールドマシンとは，地下鉄や下水道等のトンネル工事においてシールド工法により掘削作業を行う場合に利用される専用機械のことで，通常は円筒状で現場の地質や建設するトンネルの仕様に合わせて特別に製造されます。

　このような特定の工事のために製作あるいは購入されその工事のみで利用される機械等は，工事の目的物そのものではないため，工事進行基準を適用している場合，その製作・購入代金を工事原価計算および工事進捗度の算定においてどのように取り扱うかが問題となります。この点，工事進捗度について工事契約会計基準では「決算日における工事進捗度は，原価比例法等の，工事契約における施工者の履行義務全体との対比において，決算日における当該義務の遂行の割合を合理的に反映する方法を用いて見積る」（工事契約会計基準第15項）としており，施工者の発注者に対する履行義務全体と決算日においてすでに遂行されている履行義務とを対比して工事進捗度を算定することを求めています。これを施工のために製作・購入したシールドマシンのような専用機械に当てはめて考えると，原価比例法により工事進捗度を算定する場合には，この

ような専用機械を購入・検収した時点で履行義務の一部を遂行したと考えられる場合には工事原価に含め，工事進捗度を計算していくことも考えられます。

（3）仮設事務所等の設置費用

建設工事現場では工事期間中において事務所や休憩所等として利用され，工事終了後には撤去される仮設事務所等が設置されることが一般的です。このような仮設事務所はプレハブ等の再利用可能な簡易な建物として設置されることが多く，工事進行基準適用工事においては仮設資材と同様に，適切に工事原価を算定して工事進捗度を算定するために，仮設事務所等の設置費用からあらかじめ再利用による回収可能見積額を控除する必要があります。なお，撤去費用についてもあらかじめ見積ったうえで工事原価総額に含めておく必要があります。

（4）建設機械等の損料

損料とは建設機械等を工事において使用する際の使用料です。複数の現場で反復利用可能な建設機械の場合には，その年間減価償却費と維持管理費用などを集計し，その金額を当該建設機械の標準使用日数・時間で除して，あらかじめその単価を定めておきます。これにその建設機械を使用する工事における実際の使用日数・時間を乗じて各工事の機械使用料を計算し，工事原価に含めていく方法をとります。

Q3-13　工事原価：完成時点における今後発生予定額の見積り

工事竣工後，施主との交渉や協力会社との精算により工事損益が増減した場合の会計処理方法を教えてください。

Answer Point

- 工事竣工後において工事損益が増減した場合や増減する可能性がある場合にはその金額を適時に工事損益に反映させる会計処理が必要です。

解　説

（1）工事竣工後の施主との交渉や協力会社との精算等

　工事が完成・竣工しても，いまだ発注者との最終的な契約価額の交渉が確定しない場合や，請負業者との外注費用等の最終的な精算が終了していない場合があります。このような工事自体の完了とは別に請負価額の変更・確定や工事原価の変動が発生し，工事損益が増減する場合にはその増減金額について完成工事高あるいは完成工事原価を通じて工事損益に速やかに反映させる会計処理が必要です。

（2）工事残務整理費用等

　建設業においては，対象となる建築物が引き渡された後であっても現場作業所を一定期間設置し続けて残務整理等が行われることがあります。このような費用についても関連する工事の工事原価として認識することが必要です。工事進行基準においては，このような残務整理費用についても当初の実行予算（工事原価総額）の見積りにおいて適切に含めて，工事損益計算に反映させます。

また，工事完成基準の場合には竣工・引渡し時に完成工事高とともに完成工事原価が計上されることになりますが，このような工事残務整理費用等については同種工事での過去実績や業者からの見積書などをもとに合理的に見積って計上します。

（3）瑕疵補修費用

竣工や引渡しといった工事の最終段階における社内検査や発注者による検査によって対象工事に瑕疵が発見されるような場合があります。このような場合には対象工事の収益に適切に対応させるために発生が見込まれる工事費用を適切に見積り工事原価として計上することが必要です。

なお，建設業の特徴の1つとして，工事竣工・引渡し後においても工事契約の瑕疵担保条項に基づいて，引渡し後の一定期間は無償で瑕疵補修を行うことが必要になる場合があります。このような瑕疵補修費用は多くの工事契約を同時に進めていく建設業においてはある程度毎期経常的に発生が見込まれるものです。このような瑕疵補修費用については，過去の一定期間における完成工事高とそれに対応する瑕疵補修費用の実績に基づいて一定の補修実績率を算定し完成工事補償引当金を計上する実務が一般的に行われています（Q4-5参照）。

一方，収益認識会計基準においては，工事が合意された仕様に従っているという保証のみではなく，顧客にサービスを提供するサービス型の保証である場合には，当該保証サービスは工事とは別個の履行義務であると考えられ，このような場合には，取引価格を工事だけでなく当該保証サービスにも配分することになりますので，留意が必要です（Q4-5参照）。

Q3-14　工事原価：期末日までの原価計上

請求書の締め日が決算日と異なるような場合，工事進行基準の適用にあたって留意すべき事項があれば教えてください。

Answer Point 👆

- 請求書締め日が決算日と異なる場合には，締め日から期末日までの期間に発生した工事原価についても工事原価計算に反映させることが必要です。
- 請求書締め日を決算日と一致させるよう契約条件を変更することも考えられます。
- 早期決算の観点からは，請求書の到着を待たずに自社による出来高査定完了の時点で発生工事原価を計算・集計する方法もあります。

解説

（1）外注先の請求書締め日と決算日の関係

　建設業では，技術的な制約や工事の効率性の観点からさまざまな作業・加工を外部の下請業者に委託する外注が広く行われ，外注費用は工事原価の多くの部分を占めることから，その適切な会計処理は工事原価の計算において重要です。また，外注先への支払は一般に月々の出来高払いで行われ，出来高査定や請求も月次単位で行われます。このような月次単位での外注先の請求書締め日が決算日と一致している場合には特に問題は生じませんが，決算日が月末で請求書締め日が20日であるなど両者が異なる場合にはその請求書締め日から決算日までの間に役務等の提供を受けて発生した工事原価について調整が必要となります。

（2）請求書締め日から期末までの期間に発生した工事原価の会計処理

　請求書締め日と決算日に大きな差異がある場合の対応として，可能な限り締め日を決算日に近づけるよう契約条件を変更することが考えられますが，それが困難な場合には，請求書締め日から期末までに発生した工事原価を外注先からの当該期間を含む請求書をもとに計算・集計し，工事未払金を計上します。また，より早期に決算作業を行うためには外注先からの請求書到着を待たずに実行予算・工程表に基づいて実施された当該期間中の出来高について現場での作業日報等をもとに自社による出来高査定を行い発生工事原価を計算・集計する方法も考えられます。特に工事進行基準を適用する場合には「決算日における工事進捗度」について信頼性をもって見積ることが求められており（工事契約会計基準第9項），これらの工事原価を決算月における発生工事原価の集計に含めて決算日における工事進捗度に反映することが必要であるため，このような調整をいかに正確に早く行うかが重要なポイントとなります。

　なお，請求書締め日から期末までの期間に発生した工事原価の金額に重要性がないと判断される場合にはその期間について調整しないことも許容されうると考えられます。

Q3-15　工事原価：原価の範囲，間接費の配賦

　現場での建設作業以外にも設計，品質管理や施工管理，資材調達などの業務に関連したさまざまな費用が発生しますが，そのような費用は工事原価の計算においてどのように取り扱われますか。

Answer Point

- 工事原価には，原価の発生を特定の工事と直接的に結びつけることが可能な工事直接費と，複数の工事に関連して発生するため直接的に結びつけることが難しい工事間接費があります。
- 工事原価の計算において，工事間接費は一定期間の見積発生費用と見積作業時間等の予定配賦基準をもとに，予定配賦を行う方法で計算を行います。
- 工事間接費の予定配賦に伴う原価差額は，一般的には，完成工事原価と未成工事支出金残高に金額基準で按分する方法で処理されます。

解　説

（1）工事直接費と工事間接費

　建設業は受注・個別生産を特徴とする業種であり，原価計算手法としては個別原価計算が採用されます。この建設業における個別原価計算を行う際に重要な原価の分類として，工事直接費と工事間接費の区分があります。

①　工事直接費

　工事直接費は，原価の発生について特定の工事と直接的に紐付けることができる費用です。建設工事は特定の現場においてその作業が進行するため，工事

に必要な資材の材料費，実際に作業に従事する作業員の労務費，下請業者に委託した工種に関する外注費，現場作業所で発生する経費等の多くは工事直接費として分類されます。このような工事直接費はあらかじめ工事単位に設定された工番に直接集計され，特定の工事における工事原価に計上されます。

② 工事間接費

工事間接費は，原価の発生について特定の工事と直接的に紐付けることができない費用です。工事間接費の具体的な例として，設計費用，建設機械使用料（損料）等が挙げられます。設計，品質管理や施工管理，資材調達等の複数工事にかかわる機能・業務を担当する部門で発生する費用の多くは工事間接費に分類され，これらの工事間接費は個別の費目として，あるいは部門費用として，事前に予定配賦基準を設定して各工事に配賦計算を行い，事後的に予定配賦額と実際発生額の差額を調整計算する方法で原価計算が行われることが一般的です。

(2) 工事間接費の配賦

設計，品質管理や施工管理，資材調達等の複数工事にまたがって，あるいは共通して発生し，個別の工事への賦課が困難な工事間接費については，適切な配賦率をもって各工事に配賦されます。具体的には設計部，工事管理部，購買部等の各部門での一定期間の人件費，経費等の見積金額と同期間での見積作業時間等の予定配賦基準をもとに予定配賦単価を事前に計算し，各工事における実際の作業時間等に乗じて各工事に配賦していきます。

(3) 予定配賦を行った場合の原価差額の処理

予定配賦を行った場合には，予定配賦額と実際発生額の差額である原価差額が発生します。原価計算基準においては，原価差額は原則として売上原価として処理することとされていますが，配賦計算を行う場合もあります。予定配賦額と実際発生額の差異について配賦計算を行う場合には，理論的には，予定配賦を行った各部門人件費・経費等について，部門別・費目別に予定配賦額と実際発生額の差額を把握するとともに予定配賦の基礎となった作業時間等の指標

に基づいて再配賦を行う方法が考えられます。実務上は，工事間接費に関する原価差額を一括して把握し，すでに計上されている未成工事支出金と完成工事原価の金額に基づいて按分計算する方法も行われています。

Q3-16 工場進捗度：原価比例法

　工事進捗度の算定方法としてどのような方法があるか教えてください。また，原価比例法を採用する場合，工事進捗度の算定にあたって留意すべき事項があれば教えてください。

Answer Point

- 決算日における工事進捗度は，原価比例法等の，工事契約における施工者の履行義務全体との対比において，決算日における当該義務の遂行の割合を合理的に反映する方法を用いて見積ります。
- 原価比例法による場合であっても，発生した工事原価が工事原価総額との関係で，決算日における工事進捗度を合理的に反映しない場合には，これを合理的に反映するような調整が必要となります。
- 収益認識会計基準では，インプット法もしくはアウトプット法で進捗度が見積られ，原価比例法はインプット法に近似します。

解　説

（1）概　要

　工事進行基準により会計処理を行う場合，決算日における工事進捗度を見積る必要があり，工事契約会計基準では，「決算日における工事進捗度は，原価比例法等の，工事契約における施工者の履行義務全体との対比において，決算日における当該義務の遂行の割合を合理的に反映する方法を用いて見積る。」（工事契約会計基準第15項）とされています。

　工事契約会計基準でも明記されているように，工事進捗度を見積る方法としては，原価比例法が一般的です。原価比例法は，決算日までに実施した工事に

関して発生した工事原価が工事原価総額に占める割合をもって決算日における工事進捗度とする方法をいい，具体的な算式は以下のとおりです。

$$原価比例法による工事進捗度 = \frac{決算日までに発生した工事原価}{決算日までに見込んだ工事原価総額}$$

したがって，適切な工事進捗度を見積るためには，工事原価総額の適切な見積りと，実際発生工事原価の適切な集計・調整が必要となります。

(2) 原価比例法による工事進捗度算定の留意点

原価比例法による工事進捗度算定にあたっては，工事原価総額の適切な見積り（Q3-9，3-10参照）および実際発生工事原価の原価計算基準に従った適切な算定（Q3-12～3-15参照）が必要です。

また，発生した工事原価が工事原価総額との関係で，決算日における工事進捗度を合理的に反映しない場合には，これを合理的に反映するような調整が必要となります。

①　請求書締め日から決算日までの発生工事原価（Q3-14参照）

工事原価においては，通常，検収や出来高査定を通じて一定の締め日ごとに請求し，原価計上を行うことが多いですが，この締め日が決算日と異なる場合があります。そうした場合，締め日から決算日までに発生した工事原価についても適切に集計する必要があります。

②　外部業者に製造委託を行っている特注品等

トンネル工事におけるシールドマシン等，外部に製造委託を行っている特注品については，当該特注品が製作途中の未完成のため，検収未了の状況である場合，製作過程において発生している原価は発生工事原価から除外する必要があります。

③　未使用材

工事現場に納品され，検収が完了しているものの，実際にはまだ使用されて

いない材料等がある場合，これらを発生工事原価に含めてしまうと，適切な工事進捗度を算定することができなくなるため，発生工事原価からは除外する必要があります。

④　その他

　現場管理事務所として賃借している物件の敷金等についても，発生工事原価から除外する必要があります。

(3) 収益認識会計基準適用の影響

　収益認識会計基準では，履行義務の充足に係る進捗度の見積りの方法として，アウトプット法とインプット法が規定されています（収益認識適用指針第15項）。インプット法に使用される指標として，消費した資源，発生した労働時間，発生したコスト，経過期間，機械使用時間，アウトプット法に使用される指標として，履行を完了した部分の調査，達成した成果の評価，達成したマイルストーン，経過期間，生産単位数，引渡単位数がそれぞれ例示（収益認識適用指針第17項，第20項）されています。工事の性質を考慮して履行を忠実に描写できる合理的な指標を選択する必要があると考えられます。

　上記のとおり，発生したコストは，インプット法に使用される指標として例示され（収益認識適用指針第20項），従来一般的に進捗度算定で用いられている原価比例法はコストに基づくインプット法に類似します。また，コストに基づくインプット法を使用する場合，著しく非効率な作業等による予定外のコスト等発生したコストが履行義務の充足に係る進捗度に寄与しない，または発生したコストが履行義務の充足に係る進捗度に比例しない場合には進捗度の見積りを修正するかどうか判断する必要があります（収益認識適用指針第22項）。

　なお，Ｑ３-１で示したとおり，一定の期間にわたり充足される履行義務について，契約の初期段階において，履行義務の充足に係る進捗度を合理的に見積ることができない場合，当該契約の初期段階に収益を認識せず，当該進捗度を合理的に見積ることができる時から収益を認識することができる代替的な取扱いが認められています（収益認識適用指針第99項）。

Q3-17　工事進捗度：原価比例法以外の方法

原価比例法以外の方法を採用する場合，工事進捗度の算定にあたって留意すべき事項があれば教えてください。

Answer Point

- 工事契約の内容によっては，原価比例法以外にも決算日における工事進捗度をより合理的に把握する方法もあり得ます。
- 具体的には直接作業時間比率や施工面積比率等に応じた工事進捗度の算定方法が考えられます。
- 原価比例法以外の方法を採用した場合，原価の発生額そのものが工事原価として計上されるわけではありません。

解　説

（1）概　要

　一般的に決算日における工事進捗度の合理的な見積方法として原価比例法が採用されることが多いですが，時間の経過とともに工事の進捗が比例する場合や，単一作業を施工面積に応じて実施する場合等，原価比例法以外の方法により工事進捗度を合理的に見積ることができる場合もあります。

　たとえば，以下の方法が考えられます。

① 工事全体の総作業時間に対する決算日時点における作業時間の割合を工事進捗度とする方法

　たとえば，ある工事において工事の進捗が時間の経過に比例すると考えられる場合で，総見積作業時間1,000時間に対して当期末時点での累計作業時間が500時間であったとき，工事進捗度は50％となります。

② 工事全体の施工面積に対する決算日時点における施工面積の割合を工事進捗度とする方法

　たとえば，ある工事において工事の進捗が施工面積に比例すると考えられる場合で，総見積施工面積1,000m²に対して当期末時点での累計施工面積が500m²であったとき，工事進捗度は50%となります。

(2) 留意点

　原価比例法以外の方法により，工事進捗度を算定した場合，以下の具体例のように，原価の発生とは異なる尺度で進捗度を見積るため，原価発生額そのものが完成工事原価として計上されるわけではなく，一部が未成工事支出金として翌期以降の工事原価に繰り越される場合があることに留意が必要です。

例1 工事進捗度の算定

1．前提条件

当社は工期20X1年3月期〜20X2年3月期で大規模造成工事を受注しました。

- 総施工面積：1,000,000m²
- 総受注金額：1,000百万円
- 工事原価総額：900百万円

　各期における原価発生額および施工面積は以下のとおりです。

- n1期：工事原価360百万円　施工面積350,000m²
- n2期：工事原価540百万円　施工面積650,000m²

2．20X1年3月期末の会計処理

① 原価比例法の場合

　工事進捗度：360百万円÷900百万円×100%＝40%のため，

　当期完成工事高：1,000百万円×40%＝400百万円となります。

| (借) 完 成 工 事 原 価 | 360 | (貸) 工 事 未 払 金 等 | 360 |
| (借) 完 成 工 事 未 収 入 金 | 400 | (貸) 完 成 工 事 高 | 400 |

② 原価比例法以外の方法（施工面積比率による方法）の場合

　工事進捗度：350,000m²÷1,000,000m²×100%＝35%のため，

当期完成工事原価：900百万円×35％＝315百万円および

当期完成工事高：1,000百万円×35％＝350百万円となります。

（借）完 成 工 事 原 価	315	（貸）工 事 未 払 金 等	315
（借）未 成 工 事 支 出 金	45	（貸）工 事 未 払 金 等	45
（借）完 成 工 事 未 収 入 金	350	（貸）完 成 工 事 高	350

※　当期発生原価（360百万円）のうち，当期施工面積割合に対応する部分（315百万円）のみが完成工事原価となり，残る部分（45百万円）は未成工事支出金として翌期以降に繰り越されることとなります。

3．20X2年3月期末の会計処理

① 原価比例法の場合

工事進捗度：540百万円÷900百万円×100％＝60％のため，

当期完成工事高：1,000百万円×60％＝600百万円となります。

（借）完 成 工 事 原 価	540	（貸）工 事 未 払 金 等	540
（借）完 成 工 事 未 収 入 金	600	（貸）完 成 工 事 高	600

② 原価比例法以外の方法（施工面積比率による方法）の場合

工事進捗度：650,000m^2÷1,000,000m^2×100％＝65％のため，

当期完成工事原価：900百万円×65％＝585百万円および

当期完成工事高：1,000百万円×65％＝650百万円となります。

（借）完 成 工 事 原 価	540	（貸）工 事 未 払 金 等	540
（借）完 成 工 事 原 価	45	（貸）未 成 工 事 支 出 金	45
（借）完 成 工 事 未 収 入 金	650	（貸）完 成 工 事 高	650

各期の工事損益等をまとめると以下のようになります。

（単位：百万円）

	原価比例法		施工面積比率による方法	
	20X1年3月期	20X2年3月期	20X1年3月期	20X2年3月期
完成工事高	400	600	350	650
完成工事原価	360	540	315	585
工事利益	40	60	35	65
未成工事支出金残高	—	—	45	—

Q3-18 中止・中断工事

工事は，さまざまな要因で中止・中断する場合がありますが，工事の中止・中断があった場合の会計処理について教えてください。

Answer Point 👆

- 工事の中止・中断があった場合の会計処理については，「成果の確実性」が喪失されたか否かがポイントになります。
- 完成工事未収入金の評価として，貸倒引当金の計上要否を検討する必要があります。
- 未成工事支出金の評価として，工事損失引当金の計上要否を検討する必要があります。
- 再開後の進行基準の適用は慎重に判断する必要があります。

（1）工事の中止・中断

工事は，進捗の過程における予期しない事象の発生等により中止・中断する場合があります。

工事の中止・中断は，発注者に起因するもの（発注者の資金繰りの悪化等），施工者に起因するもの（工事を完成させるために必要な資材，人材，資金の不足等），個々の工事環境に起因するもの等，さまざまですが，会計処理を考えるうえでは，「成果の確実性の喪失」がポイントになります。

（2）工事進行基準―成果の確実性の事後的な喪失

工事進行基準適用工事の場合，工事の中断により，成果の確実性が失われたか否かにより，工事進行基準を引き続き適用するのか，工事完成基準へ変更す

るのか，会計処理が変わることになります。

　成果の確実性は，以下の各要素について，信頼性をもって見積ることができる場合に認められます（工事契約会計基準第９項）。

---

① 　工事収益総額

② 　工事原価総額

③ 　決算日における工事進捗度

　このうち，工事収益総額の信頼性のある見積りについては，その前提として「工事の完成見込みが確実であることが必要」であり，「施工者に当該工事を完成させるに足りる十分な能力があり，かつ，完成を妨げる環境要因が存在しないことが必要」とされています（工事契約会計基準第10項）。

　工事の中断により，その後の工事の完成が困難となり，成果の確実性が失われたものと判断された場合には，それ以降は工事完成基準を適用することになります。

　なお，工事が中断しても，それが一時的なものであることが明らかである場合等，成果の確実性が失われていない場合には，引き続き工事進行基準が適用されると考えられます。この場合，工事に進捗がないものとして取り扱われることになります。ただし，中断が一時的であってもその間にも経費が発生することになりますので，工事原価総額の見積りを変更する必要がないかどうかを慎重に判断する必要があります。

（3）完成工事未収入金の評価

　成果の確実性が失われ，以降の工事収益および工事原価の認識を工事完成基準で行う場合であっても，それまでに計上した工事収益および工事原価の修正は原則として必要ありません（工事契約適用指針第17項）。

　ただし，成果の確実性が失われるような状況においては，それまでに工事進行基準により工事収益を計上したことに伴って貸借対照表に計上された未収入額について貸倒引当金見積額の見直しが必要となる場合があります（工事契約適用指針第17項）。

（4）未成工事支出金の評価

　工事完成基準適用工事について，工事の途中で中止・中断があったとしても，工事進行基準適用工事と異なり，完成工事高や完成工事未収入金は計上されていませんので，過去の収益や債権の評価が問題になることはありません。

　工事完成基準適用工事においては，主に未成工事支出金の評価が問題となります。

　成果の確実性が失われるような状況においては，未成工事支出金として支出した金額について，その一部または全部が回収できない可能性が考えられます。

　このような場合には，回収できないと見込まれる金額について工事損失引当金を計上する等の対応を検討する必要があります。

（5）再開後の進行基準の適用の可否

　工事進行基準を適用していた工事について，工事の中断が生じ，完成に対する不確実性が生じたことから，成果の確実性が事後的に失われたと判断した場合には，その後の会計処理については，工事完成基準を適用することになります。

　では，その後工事が再開した際に，工事進行基準を再度，適用できるでしょうか。

　工事の中断により，成果の確実性が事後的に失われたと判断されたわけですから，工事が再開されれば，成果の確実性が再び認められ，工事進行基準を再度適用することも可能といえそうです。

　しかし，成果の確実性が認められるためには工事の完成見込みが確実であり，「完成を妨げる環境要因が存在しないことが必要」（工事契約会計基準第10項）とされています。工事の中断により完成に対する不確実性が生じたという事実がある中で，「完成を妨げる環境要因が存在しない」ことを説明するのは困難な場合が多いと考えられます。

(6) 収益認識会計基準適用の影響

　収益認識会計基準では，工事の中断などにより工事の中途で進捗度を合理的に見積ることができなくなったものの，履行義務を充足する際に発生する費用を回収することが見込まれる場合には，進捗度を合理的に見積ることができる時まで，一定の期間にわたり充足される履行義務について原価回収基準を適用することになると考えられます（Q3-7参照）。

Q3-19 工期未定工事

工事は開始したものの，工期が定まっていない場合があります。工期が未定の場合の会計上の留意点について教えてください。

Answer Point ☝

- ・工期が未定となっている原因がどこにあるかに着目する必要があります。
- ・成果の確実性に応じて会計処理を考える必要があります。
- ・成果の確実性の事後的な獲得があった場合，その時点から工事進行基準の適用が可能となります。

（1）工期が未定とは

工事契約の基本的な内容の決定が遅れている，発注者の都合により引渡しの時期が定まらない，あるいは工事の技術的難易度が高く工期が見積れない等，工期が未定となる要因はさまざまです。工期が未定の場合の会計処理を考える際には，工期が未定となっている原因がどこにあるかに着目する必要があります。

（2）工期未定の要因が成果の確実性に影響を及ぼす場合

工事契約の基本的な内容の決定が遅れており，このために工期が未定となっている場合は，通常成果の確実性が認められないと考えられますので，当該工事については工事完成基準を適用することになります。

(3) 工期未定の要因が成果の確実性に影響を及ぼさない場合

　工期が未定であっても，当該工事の成果の確実性に問題がない場合には，工事進行基準により会計処理が行われると考えられます。しかし，通常，工期が未定の場合，工事原価総額の見積りが正確に行えないことが多くなりますので，成果の確実性に問題がないとされる場合はレアケースと考えられます。成果の確実性が認められない場合には，上述（２）に記載の対応が必要となります。

(4) 成果の確実性の事後的な獲得

　工事契約の基本的な内容の決定が遅れており，成果の確実性が認められないため工事完成基準を適用することとなった工事についても，その後，基本的な内容が決定される等により，成果の確実性が認められるようになった場合には，その時点から工事進行基準が適用されることになります。

(5) 工事完成基準における収益認識の時期

　工事完成基準を適用している工事について，引渡しの時期が未定である場合においては，収益認識の時期が問題となることがあります。

　引渡しの時期が未定であっても，基本的には，実際に引渡しが行われた事実に基づいて収益認識を行っていくことになります。

　契約上引渡しの時期が明確でなく，実際の引渡しに関して当該事実を表す書面がないような場合，工事竣工書類やその他の証憑により，実質的な引渡しの時期を判断する必要があります。

　基本的には，個別に判断していくことになりますが，このような場合の判断の基準について，社内の基準を設けておくことも重要です。

(6) 収益認識会計基準適用の影響

　収益認識会計基準では，工期や実行予算が定まっていないことから進捗度を合理的に見積ることができないものの，履行義務を充足する際に発生する費用を回収することが見込まれる場合には，進捗度を合理的に見積ることができる

時まで，一定の期間にわたり充足される履行義務について原価回収基準を適用することになると考えられます（Q3-7参照）。

　ただし，代替的な取扱いとして契約の初期段階においては，履行義務の充足に係る進捗度を合理的に見積ることができない場合には，原価回収基準を適用せず，進捗度を合理的に見積ることができる時から収益を認識することも認められています（収益認識適用指針第99項）。

Q3-20 完成工事原価と販売費及び一般管理費の区分

原価は，完成工事高との対応関係に応じて，完成工事原価と販売費及び一般管理費に区分されると考えられます。完成工事原価と販売費及び一般管理費の区分を考える際に，留意すべき事項を教えてください。

Answer Point

- 収益と工事単位で対応するか，期間単位で対応するかに区分できます。
- 工事進捗度に影響を与える場合があります。
- 研究開発費，支店管理費等については，あらかじめ合理的な基準を定めて区分する必要があります。

解　説

（1）完成工事原価と販売費及び一般管理費の区分

完成工事原価と販売費及び一般管理費の区分は，工事収益の獲得に直接つながるか否かにより区分します。

すなわち，発生した費用が工事収益の獲得に直接関連づけられる場合には完成工事原価として区分されます。さらに，完成工事原価は，費用が個々の工事と直接的に結びつくか否かにより直接原価と間接原価に区分されます。工事収益の獲得との関連づけが明確でなく，期間費用として収益との対応を図る費用は，販売費及び一般管理費に区分されます。

| 図表3-20 | 完成工事原価と販売費及び一般管理費の区分 |

項　目	内　容	例　示
完成工事原価	一定単位の工事ごとに集計された費用	材料費，現場作業員に係る労務費，下請業者への外注費等
販売費及び一般管理費	一定期間における発生額を当期の完成工事高に対応させた費用	管理部門費用等

（2）工事進捗度への影響

　工事進行基準適用工事においては，完成工事原価とすべきものを販売費及び一般管理費とした場合，あるいは販売費及び一般管理費とすべきものを完成工事原価とした場合，工事の進捗度の計算に影響を与える可能性があります。

　工事進捗度の計算は工事進行基準による完成工事高の計上の基礎となっており，これを誤ると完成工事高の金額を誤ることとなるため，留意が必要です。

　完成工事原価あるいは販売費及び一般管理費の区分については，あらかじめ規定・マニュアル等において定めておく等の対応が必要です。

（3）研究開発費の区分

　完成工事原価あるいは販売費及び一般管理費の区分について，誤りやすいものとして研究開発費が挙げられます。

　建設業においては，工事現場での新たな工法の採用等，工事活動の中で行われる研究開発活動と，基礎研究等の一般管理活動の中で行われる研究開発活動が考えられます。

　このような研究活動費については，完成工事原価として処理するものと一般管理費として処理するものの区分をあらかじめ明確にしておく必要があります。

（4）支店管理費の取扱い

　支店では，営業活動，現場管理，一般管理等の活動が行われ，管理部門の費用は，販売費及び一般管理費として取り扱われるのが通常です。

　ただし，管理部門のうち，設計，品質管理や施工管理，資材調達等の複数工事にかかわる機能・業務を担当する部門で発生する費用の多くは原価として工事間接費に分類される場合もあると考えられます。

　この場合には，これらの費用を各工事へ配賦する合理的な基準をあらかじめ定めておき，これに従って配賦する必要があります（Q3-15参照）。

第4章

貸借対照表からみた
建設業の会計

　建設業の貸借対照表では，完成工事未収入金，未成工事支出金，工事
未払金，未成工事受入金，工事損失引当金，完成工事補償引当金など，
通常の会社で使用されない特殊な勘定科目が使用されます。また，仮
払金や繰延税金資産・負債など，勘定科目自体は通常の会社で使用さ
れるものと同じであっても，その内訳として建設業に特有の残高が計
上されるものもあります。

　この章では，これらの貸借対照表項目について，その内容や会計上問
題となる事項，建設業特有の論点などについて解説するとともに，今
後適用される収益認識会計基準の影響についても触れています。

Q4-1 完成工事未収入金

完成工事未収入金はどのようなときに計上されるか教えてください。

Answer Point

- 完成工事未収入金は，完成工事高に計上された工事に係る請負代金の未収額で，工事進行基準および工事完成基準に基づき計上される場合に分類されます。
- 完成工事未収入金のうち長期に滞留しているものについては，貸倒引当金設定の要否を判断する必要があります。

解 説

（1）完成工事未収入金とは

企業が主たる営業活動を行うことで発生する売掛金・受取手形などの債権を一般的には，営業債権と総称します。土木・建築等の請負工事を本業とする建設業者の営業債権に該当するのが，完成工事未収入金という勘定科目です。

完成工事未収入金とは，完成工事高に計上した工事に係る請負代金（税抜方式を採用する場合も取引に係る消費税額および地方消費税額を含む）の未収額とされています。ただし，このうち破産債権，再生債権，更生債権その他これらに準ずる債権で決算期後1年以内に弁済を受けられないことが明らかなものは，投資その他の資産に記載すると定義づけられています（国土交通省告示第55号「建設業法施行規則別記様式第15号及び第16号の国土交通大臣の定める勘定科目の分類を定める件」）。

完成工事未収入金が計上されるタイミングは，工事収益および工事原価の認識基準である工事進行基準と工事完成基準が適用される場合で異なります。

　工事進行基準を採用し，完成工事高が認識される場合には，請負工事契約の対象となる工事はいまだ完成しておらず，目的物の引渡しが完了していないため，合理的に見積られた工事進捗度合いに応じて計上される未収入額は，法的にはいまだ債権とはいえない状況です。その一方で，工事進行基準は，法的には対価に対する請求権をいまだ獲得していない状態であっても，会計上はこれと同視しうる程度に成果の確実性が高まった場合にこれを収益として認識することが想定されており，この場合の未収入額は，会計上は法的債権に準ずるものと考えることができます。このため，工事進行基準の適用により計上される未収入額は，金銭債権として取り扱うものとされています（工事契約会計基準第59項）。

　一方，工事完成基準が適用される場合は，工事契約の目的となる工事がすでに完成し，受注先に目的物の引渡しが完了している状況です。したがって，工事完成基準の適用により発生した完成工事未収入金は，工事進行基準の場合と異なり，建設業者は自らの債務を履行しているため，法的に確定した債権となります。なお，工事進行基準の適用であっても完成・引渡し済みであれば，工事完成基準と同様，法的に確定した債権となります。

（2）長期滞留債権の評価

　完成工事未収入金は，企業の主たる営業活動から発生し，認識される営業債権であるため，売掛金と同様に流動資産に区分・表示されます。工事請負契約上の支払条件に基づき，長期にわたり分割して回収されるような場合においても，当初の支払条件に基づいて回収されている場合には，正常営業循環過程にある債権として，流動資産に区分・表示されることになります。

　また，他の営業債権と同様に，完成工事未収入金が，当初の契約条件どおりに回収されない可能性があります。たとえば，取引先からの工事内容に対するクレームまたは取引先の財務状況の悪化等を起因として，長期にわたり，回収が滞るというリスクが想定されます。このような場合においては，債権の回収可能性を見積り，貸倒引当金の設定の要否を判断する必要があります。実務上は，当該リスクに対応すべく，企業は取引先ごとおよび工事単位ごとに完成工事未収入金の回収条件，残高および滞留状況を把握することができるように年

齢表等を作成し，不測の事態に備えます。

　また，上述のとおり，契約の目的である工事が完了していない状況で，工事進行基準により計上された完成工事未収入金についても，金銭債権として取り扱われるため，当該未収入額について回収可能性に疑義がある場合には，企業会計基準第10号「金融商品に関する会計基準」（以下，「金融商品会計基準」という）に従い，貸倒引当金を計上する必要があります（金融商品会計基準第14項）。

(3) 収益認識会計基準適用の影響

　収益認識会計基準においては，顧客から対価を受け取る前または対価を受け取る期限が到来する前に，財またはサービスを顧客に移転した場合は，収益を認識し，契約資産または顧客との契約から生じた債権を貸借対照表に計上します。

　契約資産とは，企業が顧客に移転した財またはサービスと交換に受け取る対価に対する企業の権利（ただし，顧客との契約から生じた債権を除く）をいい（収益認識会計基準第10項），顧客との契約から生じた債権とは，企業が顧客に移転した財またはサービスと交換に受け取る対価に対する企業の権利のうち無条件のもの（すなわち，対価に対する法的な請求権）をいいます（収益認識会計基準第12項）。

　契約資産に係る貸倒引当金の会計処理は，金融商品会計基準における債権の取扱いを適用します（収益認識会計基準第77項）。なお，契約資産と顧客との契約から生じた債権を貸借対照表に区分して表示しない場合は，それぞれの残高を注記します（収益認識会計基準第79項）。

　建設業では，完成工事未収入金は契約資産もしくは顧客との契約から生じた債権として貸借対照表に計上されることとなりますが，契約資産は従来日本の会計基準ではみられない概念であり，具体的な取扱いについては今後検討が必要と考えられます。

Q4-2　未成工事支出金

　建設業を営む会社は未成工事支出金という勘定科目を利用していますが，未成工事支出金はどのようなときに計上されるか教えてください。

Answer Point

- ・未成工事支出金は請負工事契約に関連する原価のうち，まだ完成していない工事のために支出した工事原価です。
- ・一般の製造業における仕掛品に該当する勘定科目です。

解　説

（1）未成工事支出金とは

　特定の工事契約に関連する原価のうち，まだ完成していない工事のために支出したものを未成工事支出金に計上します。一般の製造業における仕掛品に相当する勘定科目です。

　工事進行基準を適用している場合，工事進行基準により計上された完成工事高に対応する工事原価は未成工事支出金から完成工事原価へ振り替えられることになります。

　未成工事支出金に計上される費用は工事に直接要した費用だけでなく，特定の工事契約に関連する見積費用や交際費なども含まれます。

（2）未成工事支出金の評価

　未成工事支出金は棚卸資産に含まれますが，評価については工事契約会計基準に基づき工事損失引当金を計上することにより対応することになります。

（3）工事損失引当金

　工事契約について，工事原価総額が工事収益総額を超過する可能性が高く，かつ，その金額を合理的に見積ることができる場合には，その超過すると見込まれる額（以下，「工事損失」という）のうち，当該工事契約に関してすでに計上された損益の額を控除した残額を，工事損失が見込まれた期の損失として処理し，工事損失引当金を計上します（工事契約会計基準第19項）。

（4）未成工事支出金と工事損失引当金の関係

　同一の工事契約について未成工事支出金と工事損失引当金がともに計上されている場合，工事の進捗に従って工事損失引当金から棚卸資産（簿価の切下げ）への振替えを求めると実務上の負担になることを考慮して，工事損失のうちすでに計上された損益の額を除いた残額の全体について工事損失引当金を計上します。この結果，貸借対照表上，未成工事支出金と工事損失引当金は相殺されずに両建てで計上されることになりますが，この場合，その旨および当該未成工事支出金のうち工事損失引当金に対応する額を注記することが必要になります。

　また，同一の工事契約について未成工事支出金と工事損失引当金がともに計上されている場合に，貸借対照表上，相殺して表示することも認められています。この場合，工事契約に係る未成工事支出金が相殺後の額で表示されている旨および相殺表示した未成工事支出金の額の注記が必要になります。

　上記のとおり2通りの表示方法が認められていますが，注記を要求することにより，必要な情報開示が手当てされています。

　未成工事支出金と工事損失引当金の表示方法をまとめると，図表4-2のとおりとなります。

図表4-2　未成工事支出金と工事損失引当金の表示方法

表示の方法	要求される注記
未成工事支出金と工事損失引当金を相殺しない場合	その旨および未成工事支出金のうち工事損失引当金に対応する額
未成工事支出金と工事損失引当金を相殺する場合	その旨および相殺表示した未成工事支出金の額

Q4-3　仮払金（契約前発生コスト）

営業活動中の案件に係る諸費用（設計費，積算費，経費）の会計処理方法を教えてください。

Answer Point

- 契約前発生コストのうち，一定の要件を満たすものは，いったん資産計上を行い，受注時に工事原価への振替えを行うことが考えられます。
- いったん資産計上された契約前発生コストの資産性について，その後の検討が重要です。

解説

（1）契約前発生コストとは

建設業は，見込生産を行う製造業と異なり，工事を受注して初めて施工活動を開始するという特徴があり，そのため受注を獲得するまでにさまざまな費用が発生します。すなわち，営業活動において一般的に発生する営業部門の人件費，広告費，交際費等の費用に加えて，建設業では受注活動において，図面を作成するための設計費，受注金額を算定するための積算費，測量などの調査費などの費用（以下，「契約前発生コスト」という）が多く発生します。

（2）契約前発生コストの会計処理

わが国の会計基準では，契約前発生コストに関する一般的な定めはありません（図表４-３参照）。しかし，契約前発生コストのうち，将来の工事原価を構成すべきものについては，いったん仮払金等の科目で資産計上を行い，受注時に工事原価への振替えを行う処理が一般的に行われています。そして，資産計

上を行ったものの，受注できなかった場合や受注が見込めない場合には，販売費及び一般管理費に振り替え，費用処理されています。また，将来の工事原価を構成すべきもの以外については，販売費及び一般管理費として発生時に費用処理されています。

ところで，IFRS第15号「顧客との契約から生じる収益」では，次の要件を満たす場合は，資産として認識することとされています。

① 増分コスト，すなわち契約を獲得していなければ発生していなかったコストであること

② 当該コストの回収が見込まれること

なお，日本基準である収益認識会計基準では，契約コストは範囲外となっています（収益認識会計基準第109項）。

(3) 実務上のポイント

建設業では，特に高速道路や高速鉄道などの大規模工事においては，契約前発生コストの発生から工事が受注できるかどうかが判明するまで長期間を要することがあります。このような場合に，回収可能性に疑義がある資産を長期間にわたって計上し続けることにならないように，いったん資産計上された契約前発生コストの資産性について，定期的に検討することが重要となります。

たとえば，大幅な設計変更等があった場合の変更前の設計費用については，将来獲得する契約に直接関連しているとはいえないため，資産性が認められず，設計変更決定時点で販売費及び一般管理費に振り替え，費用処理すべきと考えられます。

また，上記の検討に加えて，発生から一定期間を経過した契約前発生コストは画一的に販売費及び一般管理費に振り替えるといった会計処理も実務的に多くみられます。

図表4-3　契約前発生コストについての各基準の定め

日本基準	国際会計基準	米国基準
一般的な定めなし。 なお，工事契約会計基準では，工事原価総額には，工事契約に係る認識の単位に含まれる施工者の義務を果たすためのすべての原価が含まれるとされている（工事契約会計基準第33項）。	企業は，顧客との契約獲得の増分コストを回収すると見込んでいる場合には，当該コストを資産として認識しなければならない（IFRS第15号第91項）。	国際会計基準と同様（FASB-ASC Subtopic 340-40-25-1）。

Q4-4　工事損失引当金

工事損失引当金の会計処理について教えてください。

Answer Point 👆

- 工事損失引当金は工事原価総額が工事請負金総額を超過する可能性が高く，かつその金額を合理的に算定することができる場合に計上される引当金です。
- 工事損失引当金は貸借対照表の負債の部に計上されます。
- 工事損失引当金繰入額は損益計算書の完成工事原価に計上されます。

解　説

(1) 概　要

　請負工事を受注し施工していくにあたって，最終的な工事利益が赤字になると見込まれる場合，将来に損失を繰り延べないために工事損失引当金を計上します。

　具体的には，工事契約会計基準では，「工事契約について，工事原価総額等（工事原価総額のほか，販売直接経費がある場合にはその見積額を含めた額）が工事収益総額を超過する可能性が高く，かつ，その金額を合理的に見積ることができる場合には，その超過すると見込まれる額（以下「工事損失」という。）のうち，当該工事契約に関して既に計上された損益の額を控除した残額を，工事損失が見込まれた期の損失として処理し，工事損失引当金を計上する。」（工事契約会計基準第19項）とされています。

　また，当該引当金は，企業会計原則注解（注18）に規定される4要件を満たした場合に計上されることとなります。

① 　将来の特定の費用または損失
② 　その発生が当期以前の事象に起因
③ 　発生の可能性が高い
④ 　その金額を合理的に見積ることができる

①については，特定の工事について将来損失が見込まれる場合に工事損失引当金が計上されることとなり，②については，特定の工事に関する将来の損失が，たとえば当期に発生した材料費の高騰や，工事着手段階では予想できなかったトラブルの発生等によるものである場合に，工事損失引当金が計上されることとなります。

③および④については，特定の工事が将来損失の発生する可能性が高く，かつその損失額を合理的に見積ることができる場合，工事損失引当金が計上されることとなります。

なお，工事損失引当金は，完成工事補償引当金等のように実績率を使用して算定するものではなく，個々の工事契約単位で引当金の計上要否を判定することとなります。

(2) 認識時点

工事損失引当金は上述のように，特定の工事について，将来の損失の発生可能性が高く，その金額を合理的に見積ることができる場合に計上されます。したがって一般的には，工事受注段階では損失額を合理的に見積ることは困難であり，工事損失引当金の認識時点は少なくとも実行予算作成後になることが多いと考えられます。

なお，実行予算作成時点では損失の発生は見込まれていなかったものの，その後工事の途中段階において損失が見込まれることとなった場合は，その時点で工事損失引当金を計上することとなります。

また，工事損失引当金は工事の進捗に伴い適宜見直しが行われ，必要に応じて取崩しや積増しが行われることとなります。

(3) 算定方法

工事損失引当金の算定方法は工事進行基準，工事完成基準の場合，それぞれ

以下のとおりとなります。

① **工事進行基準適用工事の場合**

工事損失引当金＝（工事原価総額等－工事収益総額）－当期末までに計上済みの工事損益累計額

② **工事完成基準適用工事の場合**

工事損失引当金＝工事原価総額等－工事収益総額

（4）計上方法

工事損失引当金繰入額は損益計算書上，完成工事原価に含めて計上され，工事損失引当金は貸借対照表上，流動負債として計上されることとなります。

(借) 完 成 工 事 原 価 　×××　 (貸) 工 事 損 失 引 当 金 　×××

例1　工事進行基準適用工事の場合

1．前提条件

受注時点での見積額は以下のとおりです。

- 工事収益総額：1,000百万円
- 工事原価総額：900百万円
- 工期：20X1年度〜20X3年度（3年間）

工事進捗度は原価比例法により算定するとします。

各期ごとの実際発生工事原価は以下のとおり。

- 20X1年度：360百万円
- 20X2年度：600百万円

　※　20X2年度において，施工ミスによる手直し・補修工事が発生し，工事原価総額を1,200百万円と見積りました。工事収益総額については変更はありません。

- 20X3年度：240百万円

２．20X1年度期末の会計処理

① 工事原価の計上

(借) 完 成 工 事 原 価　　360　　(貸) 工 事 未 払 金 等　　360

② 工事収益の計上

(借) 完成工事未収入金　　400　　(貸) 完 成 工 事 高　　400

※　工事進捗度：360百万円÷900百万円×100％＝40％
　　当期完成工事高：1,000百万円×40％＝400百万円

３．20X2年度期末の会計処理

① 工事原価の計上

(借) 完 成 工 事 原 価　　600　　(貸) 工 事 未 払 金 等　　600

② 工事収益の計上

(借) 完成工事未収入金　　400　　(貸) 完 成 工 事 高　　400

※　工事進捗度：（360百万円＋600百万円）÷1,200百万円×100％＝80％
　　当期完成工事高：1,000百万円×80％－400百万円＝400百万円

③ 工事損失引当金の計上

(借) 完 成 工 事 原 価　　40　　(貸) 工 事 損 失 引 当 金　　40

※　工事総利益：▲200百万円
　　20X1年度計上利益：40百万円
　　20X2年度計上利益：▲200百万円
　　工事損失引当金繰入額：▲40百万円

４．20X3年度期末の会計処理

① 工事原価の計上

(借) 完 成 工 事 原 価　　240　　(貸) 工 事 未 払 金 等　　240

② 工事収益の計上

(借) 完成工事未収入金　　200　　(貸) 完 成 工 事 高　　200

※　工事進捗度：（360百万円＋600百万円＋240百万円）÷1,200百万円×100％＝100％
　　当期完成工事高：1,000百万円×100％－400百万円－400百万円＝200百万円

③ 工事損失引当金の取崩し

(借) 工 事 損 失 引 当 金　　40　　(貸) 完 成 工 事 原 価　　40

各期の工事利益は以下のとおりとなります。

（単位：百万円）

	20X1年度	20X2年度	20X3年度
完成工事高	400	400	200
完成工事原価	360	640	200
（うち発生工事原価）	360	600	240
（うち工事損失引当金繰入額）	—	40	—
（うち工事損失引当金取崩額）	—	—	−40
工事利益または損失	40	−240	—

例2 工事完成基準適用工事の場合

1．前提条件

例1 と同様。

2．20X1年度期末の会計処理

① 工事原価の計上

（借）未成工事支出金	360	（貸）工事未払金等	360

3．20X2年度期末の会計処理

① 工事原価の計上

（借）未成工事支出金	600	（貸）工事未払金等	600

② 工事損失引当金の計上

（借）完成工事原価	200	（貸）工事損失引当金	200

※ 工事総利益：▲200百万円

4．20X3年度期末の会計処理

① 工事原価の計上

（借）完成工事原価	1,200	（貸）未成工事支出金	1,200

※ 20X1年度，20X2年度未成工事支出金合計960百万円＋20X3年度発生240百万円
＝1,200百万円

② 工事収益の計上

（借）完成工事未収入金	1,000	（貸）完成工事高	1,000

③ 工事損失引当金の取崩し

（借）工事損失引当金	200	（貸）完成工事原価	200

（5）収益認識会計基準適用の影響

　収益認識会計基準においては，工事契約について，工事損失のうち，当該工事契約に関してすでに計上された損益の額を控除した残額を，工事損失が見込まれた期の損失として処理し，工事損失引当金を計上することとされており（収益認識適用指針第90項），現行の会計基準における工事損失引当金の定めを踏襲しています（収益認識適用指針第162項）。

Q4-5 完成工事補償引当金

完成工事補償引当金の会計処理について教えてください。

Answer Point

- 完成工事補償引当金繰入額＝引当対象完成工事高×実績率
- 完成工事補償引当金は貸借対照表の負債の部に計上されます。
- 完成工事補償引当金繰入額は損益計算書の完成工事原価に計上されます。

(1) 概　要

　完成工事補償引当金とは，竣工・引渡しが完了した工事に係る瑕疵担保責任や，引渡し後に無償での補修工事を行う旨の契約を締結している場合の支出に備える目的で計上される引当金です。当該引当金は建設業特有の引当金ですが，製品保証引当金等と同様の性質を有しています。

(2) 計算方法

　完成工事補償引当金の基本的計算方法としては，「引当対象完成工事高×実績率」となりますが，引当対象完成工事高の考え方によって，2つの計算方法があります。

① 完成引渡し後に瑕疵補修費用が発生するということを重視する方法

　瑕疵担保責任は工事の完成・引渡し後から発生するため，工事完成基準・工事進行基準を問わず，当期に完成・引渡しを行った工事の完成工事高に対して，過去の一定期間における瑕疵補修工事の実績率を使用して算定する方法です。

　なお，ここでいう引当対象となる完成工事高とは，当期に完成・引渡しを行った工事完成基準適用工事および工事進行基準適用工事の工事請負金額総額を意味し，工事進行基準適用工事については，会計上の当期の完成工事高とは異なります。

　会計上の当期完成工事高との関係は以下のようになります。

　　引当対象完成工事高＝
　　　当期計上した完成工事高
　　　－工事進行基準適用工事の当期計上完成工事高
　　　＋当期完成・引渡しした工事進行基準適用工事の累計完成工事高

　また，当該方法において使用する実績率は，過去の一定期間における完成・引渡しを行った工事に対する実際の瑕疵補修費用の発生割合となります。

　　完成工事補償引当金繰入額＝引当対象完成工事高×実績率

②　完成工事高の計上と瑕疵補修費用計上を対応させる方法

　工事進行基準適用工事の場合，完成工事高の計上は複数期にわたるのに対して，①の方法によって完成工事補償引当金を計上した場合，当該引当金の計上は完成・引渡しが行われた期においてのみ行われるため，収益と費用の計上される期間が対応しません。そのため，費用収益対応を重視して，当期の完成工事高に対して，過去の一定期間における瑕疵補修工事の実績率を使用して算定する方法です。

　なお，当該方法における引当対象完成工事高は，工事進行基準適用工事においても，会計上計上される当期の完成工事高と一致することとなります。

　また，当該方法において使用する実績率は，過去の一定期間における完成工事高に対する実際の瑕疵補修費用の発生割合となります。

　　完成工事補償引当金繰入額＝当期完成工事高×実績率

(3) 計上方法

① 完成工事補償引当金繰入額

　完成工事補償引当金繰入額については，損益計算書の完成工事原価に計上さ

れます。

> (借) 完 成 工 事 原 価　　×××　　(貸) 完成工事補償引当金　　×××

また，実績率の低下等により，戻入れとなった場合でも上記同様，完成工事原価のマイナスとして計上されます。

> (借) 完成工事補償引当金　　×××　　(貸) 完 成 工 事 原 価　　×××

② 完成工事補償引当金

完成工事補償引当金については，1年内に使用が見込まれる場合には流動負債として計上し，1年を超えて使用されることが見込まれる場合には，固定負債として計上されます。

(4) 留意点

実績率を算定する際，過去の一定期間を基準としますが，たとえば前期以前3期間等，各企業における瑕疵担保期間の過去実績平均等を反映した期間とする必要があります。

また，土木工事と建築工事では瑕疵補修費用額や発生頻度が異なることから，土木・建築それぞれの実績率を算定して使用することも合理的と考えられます。

(5) 収益認識会計基準適用の影響

収益認識会計基準では，約束した財またはサービスに対する保証が，当該財またはサービスが合意された仕様に従っているという保証のみである場合，当該保証について，企業会計原則注解（注18）に定める引当金として処理し，さらに顧客にサービスを提供する保証を含む場合には，保証サービスは履行義務であり，取引価格を財またはサービスおよび当該保証サービスに配分することとされています（収益認識適用指針第34項，第35項）。

建設業において，引渡し後，壁のクラックやタイルの剥がれの発生等に伴い無償で補修工事を行う旨の契約内容であれば，財またはサービスに対する保証が法律で要求され，対象となる期間が合意されている仕様に合致していること

を確認できる保証の期間として合理的であり，作業の内容が特定されている場
合（収益認識適用指針第37項参照）には，現行の実務と同様に引当金として処
理すると考えられます。

　一方，設備の点検などのサービスを提供する契約を含む場合には，法律の要
求等がない点検サービス等を履行義務として識別し，取引価格を配分して収益
認識を行うことが考えられます。

Q4-6 工事未払金

工事未払金とはどのようなものですか。残高の内容について教えてください。

Answer Point

- 一般的な買掛金に相当するものです。
- 工事原価として計上すべき費用のうち，決算時点において未払いのものが該当します。

解　説

(1) 概　要

　建設業者が工事原価を支出した場合，一般取引同様，通常は発生と支出のタイミングが異なるため，債務を計上します。この時，建設業者では，建設業法施行規則に基づき，買掛金ではなく，工事未払金として流動負債の部に計上します。

　工事未払金は外注費や材料費等，あくまで工事原価に関連する債務のみを計上し，固定資産の購入経費や一般経費等は未払金として計上することになります。

　また，JV請負工事において当社がサブの場合，スポンサーに対する未払金は工事未払金に含めて計上されます。JVについては第5章で詳しく説明します。

(2) 工事未払金の特性

① 完成工事に関する工事未払金

　工事が竣工し，引渡しが完了した工事については，発生はしているが未請

求，つまり債務として未確定の工事原価についても完成工事原価に見積計上する必要があり，これに対応して工事未払金が計上されます。その際，可能な限り外注出来高査定や取引先からの請求書入手を行うべきですが，ある程度見積りの要素が含まれることも想定されるため，合理的な工事原価の見積りを行わなければなりません。

　なお，工事原価の一部を見積りにより計上した場合であっても，工事そのものはすでに竣工・引渡し済みであることから，見積部分は僅少となることが想定されます。さらに，当該見積りと実際工事原価とに差額が発生した場合，翌期以降の損益に影響を及ぼすことから，適正な見積りを行う必要があります。

②　請求書締め日以降発生の工事原価に関する工事未払金

　請求書の締め日と決算期末日が異なる場合，請求書締め日以降期末日までに発生した工事原価を計上することになり，これに対応して工事未払金が計上されます。

　つまり，工事進行基準を適用している工事の場合においては，請求書締め日以降期末日までの工事原価を完成工事原価として計上することで，会計期間に対応した工事進捗度が適切に算定され，工事完成基準を適用している工事の場合においては，請求書締め日以降期末日までの工事原価を未成工事支出金として計上することで，決算期末日時点での未成工事支出金額を適切に算定することができます。

　①の完成工事に関する未払金同様，請求書締め日以降に入手した外注出来高査定や請求書に基づき計上される工事未払金も含まれますが，請求書締め日以降期末日までの工事原価を見積ることによって計上される工事未払金も含まれますので，①と同様に適正な見積りを行う必要があります。

　また，工事完成基準を適用している工事の場合，工事未払金の相手勘定は未成工事支出金となるため，損益に影響は及ぼしませんが，貸借対照表には影響を及ぼすこととなります。

Q4-7 未成工事受入金

未成工事受入金はどのようなときに計上されるか教えてください。

Answer Point

- 建設業者に発注者から請負金の一部が前払いされた場合，未成工事受入金として貸借対照表の負債の部に計上されます。
- 決算において工事進行基準による完成工事未収入金が計上されている場合は未成工事受入金と相殺して表示されます。

解 説

(1) 概 要

　建設業の請負工事は通常長期間に及び，工事が完成するまでは材料費や外注費等の支払が先行するため，建設業者の資金負担が大きくなります。そのため通常，工事着工時や中間検査時等，工事の完成前に請負金の一部が前払いされるケースが多くあります。

　支払の金額や時期については，工事請負契約書に記載されている条件に従って行われます。

(2) 会計処理

　工事請負契約に従って，工事完成前に請負金の一部が入金された場合，一般取引の前受金と同様，負債の性質を有しているため，貸借対照表の負債の部に未成工事受入金として計上されます。

　そして工事完成・引渡し時に，完成工事未収入金が計上されますが，これとすでに入金済みの金額を計上している未成工事受入金が相殺されることとなり

ます。

　また，工事進行基準による完成工事未収入金を計上している場合において
は，工事完成・引渡し前であっても，未成工事受入金との相殺を実施します。
仕訳例は以下のとおりです。

【未成工事受入金が入金されたとき】

| （借）現 金 及 び 預 金 | ××× | （貸）未 成 工 事 受 入 金 | ××× |

【工事が完成したとき(進行基準計算により完成工事高が計上される場合も含む)】

| （借）完 成 工 事 未 収 入 金 | ××× | （貸）完 成 工 事 高 | ××× |
| （借）未 成 工 事 受 入 金 | ××× | （貸）完 成 工 事 未 収 入 金 | ××× |

（3）収益認識会計基準適用の影響

　収益認識会計基準においては，財またはサービスを顧客に移転する前に顧客
から対価を受け取る場合，顧客から対価を受け取った時または対価を受け取る
期限が到来した時のいずれか早い時点で，顧客から受け取る対価について契約
負債を貸借対照表に計上します（収益認識会計基準第78項）。

　契約負債とは，財またはサービスを顧客に移転する企業の義務に対して，企
業が顧客から対価を受け取ったものまたは対価を受け取る期限が到来している
ものをいいます（収益認識会計基準第11項）。

　建設業では，未成工事受入金は契約負債として貸借対照表に計上されること
となりますが，契約負債は従来日本の会計基準ではみられない概念であり，具
体的な取扱いについては今後検討が必要と考えられます。

Q4-8 繰延税金資産・負債

税効果会計の概要について教えてください。また，建設業における税効果会計適用にあたって，留意すべき事項があれば教えてください。

Answer Point

- 税効果会計とは，企業会計上の資産または負債の額と課税所得計算上の資産または負債の額との間に相違（一時差異）が生じた場合に，企業会計上の利益と法人税等を合理的に対応させるとともに，当該一時差異が将来の法人税等の支払額に与える影響を適切に表示することを目的とする手続です。
- 建設業特有の一時差異項目として，スポンサーメリット，工事損失引当金，完成工事補償引当金，工事残務整理費用等に関する工事未払金が挙げられます。

解 説

（1）税効果会計の概要

税効果会計とは，「企業会計上の資産又は負債の額と課税所得計算上の資産又は負債の額に相違がある場合において，法人税その他利益に関連する金額を課税標準とする税金（以下「法人税等」という。）の額を適切に期間配分することにより，法人税等を控除する前の当期純利益と法人税等を合理的に対応させることを目的とする手続」をいいます（税効果会計に係る会計基準第一）。法人税等の課税所得は企業会計上の利益の額を基礎として算定されますが，企業会計と課税所得計算とはその目的を異にするため，企業会計上の資産または負債の額と課税所得計算上の資産または負債の額に相違が生じることがありま

（このような企業会計と課税所得計算との資産または負債の額の相違のこと

す（このような企業会計と課税所得計算との資産または負債の額の相違のことを「一時差異」と呼びます）。一時差異が発生した場合，税効果会計を適用しないと，法人税等の算定基礎となる課税所得の額は，企業会計上の利益の額と相違しているため，企業会計上の利益と法人税等とが期間的に対応せず，また，将来の法人税等の支払額に対する影響が表示されないことになります。このため，企業会計上の利益と法人税等とを対応させるとともに，一時差異が将来の法人税等の支払額に与える影響を適切に表示するために，一時差異に対して税効果会計を適用する必要があります。

（2）建設業特有の一時差異

　建設業において税効果会計を適用する場合には，建設業特有の一時差異について十分に理解する必要があります。ここでは，建設業特有の一時差異としてどのようなものがあるのかを解説します。

①　スポンサーメリット

　JV工事の場合，スポンサー会社は下請業者から発注金額の割戻し等のスポンサーメリットを受領することがあります。スポンサーメリットは，会計上，未成工事支出金のマイナスとして処理され，完成工事高計上時に完成工事原価のマイナス要素として損益計算書に計上されますが，税務上はスポンサーメリットを受領した期の益金として取り扱う必要があります。したがって，未成工事支出金の額から，スポンサーメリットとして受領した金額が控除されている場合には，当該金額につき税務上加算調整を行う必要があり，一時差異が発生します。

②　工事損失引当金

　工事契約について，工事原価総額等が工事収益総額を超過する可能性が高く，かつ，その金額を合理的に見積ることができる場合，会計上はその超過すると見込まれる額（工事損失）のうち，当該工事契約に関してすでに計上された損益の額を控除した残額を，工事損失引当金として計上することとされています。しかしながら，税務上は工事損失引当金の計上は認められず，一時差異

が発生します。

③ 完成工事補償引当金

　建設業では，工事の完成・引渡し後に発生する瑕疵補修等に対応するため，会計上は完成工事補償引当金を計上する場合があります。しかしながら，税務上は完成工事補償引当金の計上は認められず，一時差異が発生します。

④ 工事残務整理費用等に関する工事未払金

　建設業では，工事が完成し，引渡しが完了した後であっても，現場作業所を一定期間設置し続けて残務整理等が行われることがあります。このような場合，当該残務整理等に係る費用は，工事の完成・引渡し時には発生していないものの，完成工事高に対応する費用であるため，会計上は工事完成・引渡し時に工事未払金として計上する必要があります。しかしながら，税務上は，未発生の費用を損金として取り扱うことは認められず，一時差異が発生します。

第5章

建設業に特有の個別論点

　建設業では，複数の建設会社でJV（ジョイント・ベンチャー）を組成し，工事を受注するケースがあります。この場合，複数の企業が共同で工事を行うため，その会計処理をどのように行うのかが論点となります。また，海外で工事を受注する際には，工事原価が複数通貨建てで発生することもあり，工事進捗度の把握方法や財務諸表項目の換算方法が論点となります。さらに，建設業では兼業として不動産開発事業を行うケースもあります。

　この章では，特殊論点・個別論点として，上記の論点について解説するとともに，建設業の中でも特殊な業態であるプラントエンジニアリング業者とハウスメーカーの会計処理，さらには建設業における税務上の論点，IFRS上の論点について解説するとともに，収益認識会計基準適用の影響にも触れています。

Q5-1 JVの種類

JVの種類としてどのようなものがあるか教えてください。

Answer Point

- JVは，活用目的により，特定建設工事共同企業体（特定JV），経常建設共同企業体（経常JV）および地域維持型建設共同企業体（地域維持型JV）に分類されます。
- JVは，施工方式により，共同施工方式（甲型JV）と分担施工方式（乙型JV）に分類されます。
- JVは，発注者との関係により，記名施工方式と協力施工方式に分類されます。

解 説

(1) JVとは

　建設会社は，通常は一企業として単独で工事を請け負いますが，複数の建設会社とJV（ジョイント・ベンチャー，共同企業体）と呼ばれる事業組織体を形成して，1つの工事を請け負うこともあります。複数の建設会社により構成されるJVは，出資比率の最も高い会社である代表会社（スポンサー）と，スポンサー以外の構成員であるサブ会社（サブ）とに分類されます。なお，JVの法的性格は，一般に民法上の組合（任意組合）と解されています。

　JVは，以下の区分により分類され，それらの組み合わせにより複数の種類が存在することになります。

(2) 活用目的による分類

　JVは，活用目的により，特定建設工事共同企業体（特定JV），経常建設共同

企業体（経常JV）および地域維持型建設共同企業体（地域維持型JV）に分類されます。

　特定JVは工事単位で結成されるJVであり，経常JVと地域維持型JVは，継続的な協業関係を確保するために結成されるJVです。

　大規模工事や技術難度の高い工事については，JVを構成することで施工に関するさまざまなリスクの分散が可能となります。また，技術力の補完や発注者に対する信用力が高まることにより，工事の安定的な施工が期待できることから，個別の工事の規模・性格等に照らして，JVによる施工が必要と認められる場合には，特定JVが結成されます。継続的な協業関係を確保するJVとして，経常JVは，中小・中堅建設会社が経営力・施工力を強化することを目的として結成するものです。また，地域維持型JVは，地域の維持管理に不可欠な事業につき，その実施体制の安定確保を図る目的で，その地域の事情に精通した建設会社により結成されるものです。特定JV，地域維持型JVは，単体企業と同様に，発注機関の入札参加資格審査申請時等に結成し，一定期間，有資格業者として登録されることになります。

（3）施工方式による分類

　JVは，施工方式により，共同施工方式（甲型JV）と分担施工方式（乙型JV）に分類されます。

　甲型JVとは，各構成員が，あらかじめ定めた出資比率に応じて拠出した資金，人員，機械等により，1つの工事全体を共同で施工する方式をいい，乙型JVとは，1つの工事を複数の工区に分割し，各構成員がそれぞれ分担する工区を単独で施工する方式をいいます。甲型JVでは，利益も出資比率に応じて分配されることになりますが，乙型JVでは，利益は分配されるのではなく各工区ごとに精算されることになります。

（4）発注者との関係による分類

　JVは，発注者との関係により，記名施工方式と協力施工方式に分類されます。

　発注者との関係で構成員を明示する施工方式を記名施工方式といい，発注者

との関係で構成員を明示しない施工方式を協力施工方式といいます。協力施工方式では契約書上は単独請負の形式となり，発注者にはその実質が明らかにされません。これは，発注者の意図を無視するものであり，請負契約に関する不誠実な行為とされるため，コンプライアンスの観点から現在では採用されなくなっています。

図表5-1 JVの分類

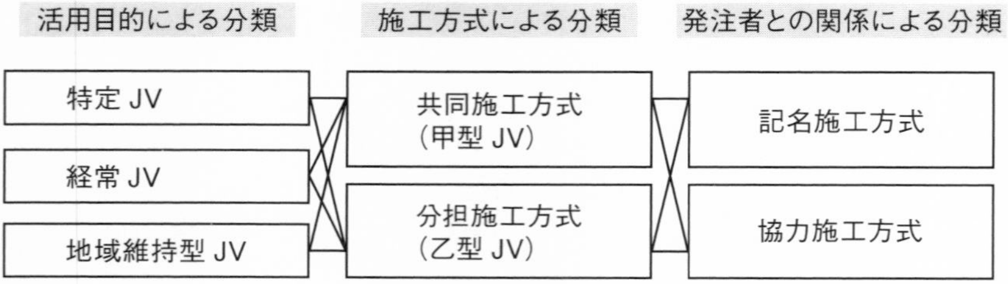

活用目的による分類	施工方式による分類	発注者との関係による分類
特定 JV	共同施工方式（甲型 JV）	記名施工方式
経常 JV	分担施工方式（乙型 JV）	協力施工方式
地域維持型 JV		

Q5-2　JVの会計処理方法（独立／取込み）

JVの会計処理方法を教えてください。

Answer Point

- JVの会計処理方法としては，独立会計とする方法と独立会計と
しない方法の2通りが考えられますが，一般的には独立会計とし
ない方法が採用されます。

解説

（1）JVの会計処理方法

　JVの会計処理方法としては，独立会計とする方法と独立会計としない方法
の2通りが考えられます。JVは民法上の組合（任意組合）と解され，独立し
た事業組織体ではありますが，独立会計とした場合には会計処理単位が新たに
増えることで事務作業が煩雑となること等を考慮し，一般的には独立会計とし
ない方法が採用されます。

　なお，分担施工方式（乙型JV）の場合には，利益は分配されるのではなく
各工区ごとに精算されることとなり，基本的に工事損益の合同計算は行われな
いため，JVに独立した会計処理単位は生じません。したがって，独立会計処
理についてその選択が問題となるのは，共同施工方式（甲型JV）の場合とい
うことになります。

（2）JVを独立会計とする場合

　JVを独立会計とした場合には，JVおよび構成員は以下の　例1　のような
会計処理を行います。

例 1 JVを独立会計とする場合

1．前提条件

- A社がスポンサー，B社がサブのJVである。
- 出資割合はA社80%，B社20%である。
- JVの会計処理は独立会計とする方法を採用している。
- 請負金額100百万円，工事原価総額90百万円。

2．会計処理

① 発注者からJVへの前払金50百万円の支払

［JV］

(借) 現 金 及 び 預 金	50	(貸) 未 成 工 事 受 入 金	50

［A社］（※通知を受けて起票する）

(借) Ｊ Ｖ 出 資 金	40	(貸) 未 成 工 事 受 入 金	40

［B社］（※通知を受けて起票する）

(借) Ｊ Ｖ 出 資 金	10	(貸) 未 成 工 事 受 入 金	10

② JVにおける共通原価90百万円の発生

［JV］

(借) 未 成 工 事 支 出 金	90	(貸) 工 事 未 払 金	90

［A社］（※通知を受けて起票する）

(借) 未 成 工 事 支 出 金	72	(貸) 工 事 未 払 金	72

［B社］（※通知を受けて起票する）

(借) 未 成 工 事 支 出 金	18	(貸) 工 事 未 払 金	18

③ A社およびB社からJVへの出資金の出資

［JV］

(借) 現 金 及 び 預 金	40	(貸) Ａ 社 出 資 金	32
		Ｂ 社 出 資 金	8

［A社］

(借) Ｊ Ｖ 出 資 金	32	(貸) 現 金 及 び 預 金	32

［B社］

(借) Ｊ Ｖ 出 資 金	8	(貸) 現 金 及 び 預 金	8

④　JVにおける共通原価90百万円の支払

［JV］

（借）工 事 未 払 金	90	（貸）現 金 及 び 預 金	90

［A社］（※通知を受けて起票する）

（借）工 事 未 払 金	72	（貸）Ｊ Ｖ 出 資 金	72

［B社］（※通知を受けて起票する）

（借）工 事 未 払 金	18	（貸）Ｊ Ｖ 出 資 金	18

⑤　完成・引渡しによる完成工事高100百万円，原価90百万円の計上

［JV］

（借）未 成 工 事 受 入 金	50	（貸）完 成 工 事 高	100
完 成 工 事 未 収 入 金	50		
（借）完 成 工 事 原 価	90	（貸）未 成 工 事 支 出 金	90

［A社］

（借）未 成 工 事 受 入 金	40	（貸）完 成 工 事 高	80
完 成 工 事 未 収 入 金	40		
（借）完 成 工 事 原 価	72	（貸）未 成 工 事 支 出 金	72

［B社］

（借）未 成 工 事 受 入 金	10	（貸）完 成 工 事 高	20
完 成 工 事 未 収 入 金	10		
（借）完 成 工 事 原 価	18	（貸）未 成 工 事 支 出 金	18

⑥　JVの決算

［JV］

（借）完 成 工 事 高	100	（貸）完 成 工 事 原 価	90
		Ｊ Ｖ 工 事 損 益	10
（借）Ａ 社 出 資 金	32	（貸）未 払 分 配 金	50
Ｂ 社 出 資 金	8		
Ｊ Ｖ 工 事 損 益	10		

［A社］

仕訳なし

［B社］

仕訳なし

⑦　発注者からJVへの取下金50百万円の入金と最終精算

［JV］

（借）現 金 及 び 預 金	50	（貸）完成工事未収入金	50
（借）未 払 分 配 金	50	（貸）現 金 及 び 預 金	50

［A社］（※通知を受けて起票する）

（借）現 金 及 び 預 金	40	（貸）完成工事未収入金	40

［B社］（※通知を受けて起票する）

（借）現 金 及 び 預 金	10	（貸）完成工事未収入金	10

（3）JVを独立会計としない場合

　JVを独立会計としない場合には，スポンサーがJVから委託を受けて会計処理するとともに，スポンサーからサブに対して取下金や外注費等の内訳の通知が行われます。サブは，スポンサーから受けた通知をもとに会計処理することになります。独立会計とする場合と比較した場合には，スポンサーではサブに対する債権・債務が計上されることになり，サブでは債権・債務の相手先が対JVから対スポンサーに変わります。それらの点を除いては，基本的には独立会計とした場合に準じた会計処理を行うことになります（Q5-3，5-7参照）。

Q5-3 JVの資金配分方法

　JVの資金配分方法にはどのような方法があるか教えてください。また，資金配分方法の違いによる会計処理の違いについてもあわせて教えてください。

Answer Point

・JVの資金配分方法には，大別して分配方式とプール方式があります。

解　説

(1) JVの資金配分方法

　JVの資金の流れについて，収入面は，スポンサーが発注者から工事代金の全額を受け取る一方で，スポンサーから構成員へ出資比率で分配が行われます。また，支出面は，スポンサーが下請業者に下請工事代金や資機材購入代金の全額を支払う一方で，スポンサーから構成員へ出資比率で出資金の請求が行われます。このように，スポンサーに工事に関する資金の全額が集中し，JVの資金繰りはスポンサーを中心として行われることが通常です。

　このスポンサーが行う資金配分を，その元となる発注者からの収入および下請業者への支出との関係で都度行うか，もしくは最後に一括して行うかの違いにより，JVの資金配分方法は，分配方式とプール方式（非分配方式）に大別されます。

① 分配方式

　分配方式とは，スポンサーが発注者から工事代金を受け取る都度，スポンサーから構成員へ出資比率で分配が行われる一方で，スポンサーが下請業者に

下請工事代金や資機材購入代金を支払う都度，スポンサーから構成員へ出資比率で出資金の請求が行われる方式です。

②　プール方式（非分配方式）

　プール方式（非分配方式）とは，工事が完成し最終的に原価が確定するまで，資金配分を行わない方式です。すなわち，スポンサーが発注者から受け取る工事代金はその都度構成員へ分配されずにスポンサーが預かる一方，スポンサーが下請業者に支払った下請工事代金や資機材購入代金はその都度構成員へ出資請求が行われずに，スポンサーが立て替えることになります。この預り金と立替金は，最終的に原価が完全に確定した段階で精算されることになります。

　プール方式は，構成員の倒産等による出資金の回収リスクの回避と，スポンサーの資金負担の軽減という観点から工夫された資金配分方法です。工事が完成し最終的に原価が確定するまで，一切の資金配分を行わない方式を完全プール方式ともいいますが，現在はこのほかにも，支出超過の場合に超過した分の出資を求めるプール方式も考案されるなど，プール方式が幅広く採用されています。

(2) JVの資金配分方法の違いによる会計処理の相違

　分配方式とプール方式においては，資金配分の相違により異なる会計処理が行われることとなります。

　具体的には，以下の（ 例1 ）のような会計処理が行われます。

（ 例1 ）　分配方式／プール方式

１．前提条件

- A社がスポンサー，B社がサブのJVである。
- 出資割合はA社80%，B社20%である。
- JVの会計処理は独立会計としない方法を採用している。
- 請負金額100百万円，工事原価総額90百万円。

２．会計処理

太字は分配方式，プール方式に共通する仕訳である。

① 発注者からJVへの前払金50百万円の支払

［A社］

（借）現 金 及 び 預 金	50	（貸）未 成 工 事 受 入 金	40
		Ｊ　Ｖ　預　り　金	10

［B社］（※通知を受けて起票する）

（借）未　収　入　金	10	（貸）未 成 工 事 受 入 金	10

② A社からB社への取下金10百万円の分配（分配方式の場合のみ）

［A社］

（借）Ｊ　Ｖ　預　り　金	10	（貸）現 金 及 び 預 金	10

［B社］

（借）現 金 及 び 預 金	10	（貸）未　収　入　金	10

※ プール方式では原価確定まで分配は行われないため，仕訳なし

③ JVにおける共通原価90百万円の発生

［A社］

（借）未 成 工 事 支 出 金	72	（貸）工 事 未 払 金	90
Ｊ　Ｖ　立　替　金	18		

［B社］（※通知を受けて起票する）

（借）未 成 工 事 支 出 金	18	（貸）工 事 未 払 金	18

④ B社からA社への出資金18百万円の出資（分配方式の場合のみ）

［A社］

（借）現 金 及 び 預 金	18	（貸）Ｊ　Ｖ　立　替　金	18

［B社］

（借）工 事 未 払 金	18	（貸）現 金 及 び 預 金	18

※ プール方式では原価確定まで出資は行われないため，仕訳なし

⑤　完成・引渡しによる完成工事高100百万円，原価90百万円の計上

［A社］

（借）未 成 工 事 受 入 金	40	（貸）完 成 工 事 高	80
完 成 工 事 未 収 入 金	40		
（借）完 成 工 事 原 価	72	（貸）未 成 工 事 支 出 金	72

［B社］

（借）未 成 工 事 受 入 金	10	（貸）完 成 工 事 高	20
完 成 工 事 未 収 入 金	10		
（借）完 成 工 事 原 価	18	（貸）未 成 工 事 支 出 金	18

⑥　プール方式における精算（プール方式の場合のみ）

［A社］

| （借）Ｊ Ｖ 預 り 金 | 10 | （貸）Ｊ Ｖ 立 替 金 | 18 |
| 現 金 及 び 預 金 | 8 | | |

［B社］

| （借）工 事 未 払 金 | 18 | （貸）未 収 入 金 | 10 |
| | | 現 金 及 び 預 金 | 8 |

⑦　発注者からJVへの取下金50百万円の入金と最終精算

［A社］

（借）現 金 及 び 預 金	50	（貸）完 成 工 事 未 収 入 金	40
		Ｊ Ｖ 預 り 金	10
（借）Ｊ Ｖ 預 り 金	10	（貸）現 金 及 び 預 金	10

［B社］

| （借）現 金 及 び 預 金 | 10 | （貸）完 成 工 事 未 収 入 金 | 10 |

Q5-4 JVにおける協定原価，独自原価

協定原価と独自原価とは何ですか。

Answer Point

- 協定原価とはJV全体で共通的に発生する工事原価であり，各JV構成員がその持分割合に応じて負担すべきものです。
- 独自原価とは各JV構成員において単独で負担すべき原価です。
- 共同施工方式の場合，各JV構成員の計上する工事原価は協定原価の自社持分相当額と独自原価の合計額です。

解 説

(1) 協定原価

　協定原価とは，JV運営委員会においてJV全体の原価であることおよびその金額が合意されている原価です。協定原価の範囲は，各JV構成員の協議に基づきJV運営委員会等で承認を受けて決定されるのが通常です。なお，協定原価は，「共通原価」，「協定内原価」，「JV協定内原価」と呼称されることがあります。

　たとえば，JVにおいては，各JV構成員から施工期間にわたって，職員の派遣を受けるのが通常です。これら職員の派遣期間にわたる人件費は，あらかじめ定められた協定給与での各JV構成員からJVに対してのJV構成員の持分割合に応じて請求されます。JVにおいては，職員の派遣期間を見積り，JVの実行予算の協定給与に含めます。

(2) 独自原価

　独自原価とは，各JV構成員が独自に支出し，各JV構成員が単独で負担すべ

き原価です。独自原価は,「個別原価」,「協定外原価」,「JV協定外原価」と呼称されることがあります。

たとえば,作業所長などの役職者を派遣している場合や各JV構成員の給与水準の違い等により,各JV構成員の給与テーブルが協定給与と異なる場合があります。この場合,各JV構成員においてJVに対して請求した協定給与と従業員に対する人件費の実際支払額に差額が発生します。この差額が独自原価となります。

図表5-4 協定原価と独自原価の例

協定原価	独自原価
• JV工事で発生した工事原価（JVの実行予算に基づき計上される原価）	• 人件費差額（協定給与と実際給与支払額の差額） • スポンサーメリット • その他JV運営委員会等で定めたもの

（3）受注関連費用の取扱い

JV結成前の受注活動の際に,調査費用,設計費用,積算費用などが支出されることがあります。このような費用を協定原価に含めるかどうかはJV構成員間の協議によって決定されます。

（4）JV構成員の工事原価計上額

共同施工方式を前提とすると各JV構成員の工事原価の算定方法は,以下のようになります。

（協定原価×自社持分割合）＋独自原価

Q5-5　JVにおけるスポンサーメリットの会計処理

スポンサーメリットの会計処理を教えてください。

Answer Point

- スポンサーメリットは，工事の出来高に応じてJVスポンサーの工事原価（独自原価）のマイナスとして会計処理します。
- スポンサーメリットは工事進行基準の適用上は工事原価総額の見積りに反映します。

解説

(1) スポンサーメリットの会計処理

　JV工事においては，通常JV運営委員会等において取引業者が決定され，資材や外注工事等の発注が行われます。しかし，実際には，JVスポンサーが取引業者の選定等に強い影響力を持つ場合が多くあります。JVスポンサーは，自社の協力業者等を購買先に選定することにより，JVで予定していた発注価格よりも有利な価格で取引を行うことが可能となる場合があります。その際，この発注価格と実際価格の差額をJVの工事原価に反映させず，JVスポンサーへの割戻しとして処理する慣行があり，当該差額をスポンサーメリットといいます。また，スポンサーメリットは，「原価差額」，「JV原価差額」と呼称されることがあります。

　スポンサーメリットは，スポンサーの工事原価から出来高に応じて控除します。

例1　スポンサーメリットの会計処理

1．前提条件
- JV持分比率：A社（JVスポンサー）70%，B社（JVサブ）30%

- 収益認識基準：工事進行基準
- JVは資機材商社C社との間で生コンクリート購入契約をm^3当たり10,000円で締結した。また，A社はC社と当該購入契約に関連してm^3当たり2,000円の割戻しを受ける覚書を取り交わした。

2．会計処理

① 生コンクリート2,000m^3の納入 　　　　　　　　　　（単位：百万円）

（借）工　事　原　価	14[*1]	（貸）工　事　未　払　金	20[*2]
J　V　立　替　金	6		

(＊1) 20百万円×70%=14百万円
(＊2) 2,000m^3×10,000円=20百万円

② スポンサーメリットの計上

（借）工　事　未　払　金	4	（貸）工　事　原　価	4[*3]

(＊3) 2,000m^3×2,000円=4百万円

（2）スポンサーメリットの計上にあたっての留意事項

スポンサーメリットの計上にあたって以下の要件が満たされているかどうかに留意する必要があります。

① JVにおいて実行予算が承認されていること。
② JVからの発注についての見積書，契約書や請求書等の証憑が存在すること。
③ スポンサーメリットの根拠証憑として，割戻しの取決めとして合意された覚書や割戻しの事実がわかる取引明細等の証憑が整備されていること。

（3）工事進行基準適用工事におけるスポンサーメリットの取扱い

工事進行基準が適用されるJV工事において工事原価総額を見積る際には，スポンサーメリットによる割戻額を合理的に見積り，JVの工事原価総額の自社持分から控除します。実行予算の策定上，確度の低い楽観的な見積りは行わないように留意する必要があります。

また，JVスポンサーにおいて原価比例法に基づき工事進捗度を算定する際に，工事の出来高に応じて請求していない多額のスポンサーメリットを，工事

の終了間際に一括して工事原価から控除する場合，工事進捗度を歪めることになります。すなわち，工事原価総額に当該スポンサーメリットによる割戻見込額を反映していたとしても，工事原価支払時にはいったんJV発注額をベースに原価計上が行われ（工事進捗度が進む），スポンサーメリット受入れ時に工事原価からマイナスされる（工事進捗度が戻る）ことになり，工事進捗度を歪めることになります。

　そのため，実際の工事進捗に応じてスポンサーメリットによる割戻額を按分するなどの配慮が必要です。具体的には，工事進捗度の算定上の工事原価の実際発生額から控除するスポンサーメリットは実際の割戻額ではなく，工事の出来高に応じて計算した場合の割戻額を利用するなどの方法が考えられます。

Q5-6 JV工事における工事進捗度計算方法

JV工事における工事進捗度の算定にあたって留意すべき事項を教えてください。

Answer Point

- JV工事においても，各JV構成員は通常，単独工事の場合と同様に原価比例法により工事進捗度の算定を行うのが一般的です。
- 原価比例法の適用にあたっては，工事原価総額をJVの実行予算に各JV構成員の持分割合を乗じて算出される額とするか，当該金額に独自原価を加減した額とするかを検討する必要があります。

解説

決算日における工事進捗度の見積方法

JV工事においても，単独工事と同様に，各JV構成員は通常，原価比例法により工事進捗度の算定を行います。他方，JV全体の実行予算に各JV構成員の持分割合を乗じた額と各JV構成員の予算額は一致しないのが通常です。これは，独自原価が各JV構成員にて発生するためです。

工事進捗度は，工事契約における施工者の履行義務全体との対比において，決算日における当該義務の遂行割合を合理的に反映する方法を用いて見積るものとされています（工事契約会計基準第15項）。

この点，各JV構成員にとっては，協定原価か独自原価かにかかわらず，発生したすべての原価が工事契約における履行義務を遂行するために必要なものとも考えられます。したがって，原価比例法の適用にあたっては，工事原価総額は，JVの実行予算に各JV構成員の持分割合を乗じて算出される額に独自原

価を加減した額とすることになります。

　この場合であっても，独自原価が主にJV構成員が負担すべき人件費，旅費交通費，事務処理費用などであり，協定原価に比べて，その金額的重要性が低く，独自原価を工事進捗度に含めた場合に比べて差が生じず，工事進捗度の実態を歪めることにならないのであれば，これを除外してJVの実行予算を前提に工事進捗度を算定することも考えられます。

Q5-7　JVの会計処理

JVスポンサーとJVサブそれぞれの会計処理と留意事項を教えてください。

Answer Point 👆

- JVの会計処理において，JV構成員間で工事利益に本質的な差異はありません。
- 工事進行基準の適用については，JV実行予算が未承認の場合，工事原価総額について信頼性をもって見積ることができるかどうかについて，慎重に判断する必要があります。
- JV工事における工事損失引当金は，JV全体の今後の工事損失見込額のうちJVスポンサーの持分相当額と独自原価との合計額を計上します。
- 一般的にJVサブとJVスポンサーの間には情報格差が存在するので，工事進行基準の適用や工事損失引当金の計上の妥当性について慎重に検討する必要があります。

解　説

(1) JVスポンサー・サブの会計処理

　一般的な共同施工方式で記名施工方式の場合，JVスポンサーの損益計算書には，JV協定書に基づくJVスポンサーの持分相当額の工事収益，工事原価（独自原価を含む）が計上されます。

　JVサブの損益計算書には，JV協定書に基づくJVサブの持分割合相当額の工事収益，工事原価（独自原価を含む）が計上されます。

図表5-7　工事形態によるJVスポンサー・サブの会計処理一覧表

工事形態区分		JVスポンサー		JVサブ	
		共同施工	分担施工	共同施工	分担施工
完成工事高		持分相当額	分担額	持分相当額	分担額
工事原価	協定原価	持分相当額	自社発生額	持分相当額	自社発生額
	独自原価	自社発生額		自社発生額	

　具体的なJVスポンサーの会計処理の仕訳例についてはQ5-3の **例1** （A社），JVサブの会計処理の仕訳例についてはQ5-3の **例1** （B社）をご参照ください。

(2) JVスポンサーの会計処理の留意事項

① JV実行予算が未承認の場合

　JV実行予算が未承認となる場合には，以下の２つの状況が考えられます。

(a) JVスポンサー内でJV実行予算の承認が得られていない場合

　　この場合，工事原価総額について信頼性をもった見積りができない状態であるといえるため，工事進行基準を適用できません。

(b) JVスポンサー内でのJV実行予算の承認は得られているものの，JVサブが承認しない場合

　この場合，少なくともJVスポンサーにおいては工事原価総額について信頼性をもった見積りができているため，JVスポンサーにおいては工事進行基準を適用することができるとも考えられます。しかし，JVサブによるJV実行予算の未承認の理由によっては，実行予算を見直さざるを得ない状況も考えられるため，工事進行基準を適用できるかどうかについては慎重に判断する必要があります。

② 工事損失引当金の取扱い

(a) 工事損失引当金の算定

　　JV工事においても赤字が見込まれる場合，実行予算におけるJV全体の今後の工事損失見込額の金額に持分比率を乗じたJVスポンサーの持分相当額と独自原価との合計額に基づいて工事損失引当金を計上します。

なお，財務基盤の弱い企業がサブとしてJVに参画している場合，赤字工事の損失負担が困難となる場合があるため，実質的な工事損失見込額の負担額に基づいた工事損失引当金の計上ができるように慎重に検討する必要があります。

(b) 工事進行基準適用工事の工事損失引当金の算定

工事進行基準適用工事の工事損失引当金の算定にあたって，当該計算にスポンサーメリットを含める必要があります。

(3) JVサブの会計処理の留意事項

JVサブの会計処理は，JVスポンサーが提示するJV工事損益に基づいて行われます。一般的にJVサブとJVスポンサーの間には情報格差が存在するため，工事進行基準の適用や工事損失引当金の計上の妥当性について，特に以下の事項に留意する必要があります。

① JVスポンサーとの決算期が異なる場合

JVサブの決算月に工事が完成すると，当該工事のJV決算書がJVスポンサーから送付されるのを待たなければならず，JV工事の決算に時間がかかるとJVサブの決算手続が遅延することになりかねません。

そのため，JVスポンサーとの決算期が異なる場合，早い段階でのスポンサーへのJV決算書案の提出を求めるなど，決算に必要な情報をタイムリーに入手するための対応が必要となります。

② JVスポンサーとの収益認識基準が異なる場合

JVサブは，定期的にJVスポンサーから送付されるJV決算書の作成が間に合わない場合は，出資請求書に添付される工事損益に関する情報に基づいて，自社の決算を行うことが一般的です。

JVスポンサーが工事完成基準を適用しており，JVサブは工事進行基準を適用する場合に，JVスポンサーが工事進行基準を適用する場合と比べてJVサブに対し積極的に工事損益に係る情報を提供するインセンティブが作用しづらい傾向があるため，この場合のJVスポンサーが提供する情報の精度には注意が

必要です。特に，工事収益総額および工事原価総額を信頼性をもって見積ることができないと判断される場合には，成果の確実性が認められず，工事完成基準を適用すべきと考えられます。

③　JV実行予算が未承認の場合

　JV工事においてはJVスポンサーの提示した実行予算案が承認されないケースが多くあります。これは，スポンサーメリット等のJVサブから見えない事象により，提示される予算上の工事損益がJVサブの想定する工事損益よりも悪いことなどが背景にあります。

　この場合に，工事進行基準を適用するためには工事収益総額，工事原価総額および決算日における工事進捗度が信頼性をもって見積ることができる必要がありますが，JVサブの場合は入手できる情報が限られているため，正確な見積りが困難になることが多くあります。

　したがって，提示された実行予算案やJV運営委員会での協議状況，過去の同種工事での損益状況，自社による工事原価総額の見積り等を総合的に勘案し，JVサブとして最善の見積りを行い，工事進行基準の適用の可否を慎重に検討する必要があります。

　なお，工事進行基準を適用できないと判断した場合でも，その後にJV運営委員会において実行予算が承認され，これにより成果の確実性を事後的に獲得したと判断できれば，JVサブが当該判断をした期から工事進行基準を適用することができます。

　なお，JVサブにおいて工事進行基準を適用するにあたっては，客観的で合理性のある見積りを担保するために一定の運用ルールを定め，継続的に運用していく必要があります。

Q5-8 外貨建工事契約の工事進行基準適用における留意点

外貨建工事契約の工事進行基準適用における留意点について教えてください。

Answer Point ☝

• 工事原価が複数の通貨で発生し，為替相場の変動が原価比例法を用いて算定した工事進捗度に重要な影響を及ぼしている場合には，為替相場変動の影響を排除するための調整，もしくは原価比例法以外の他の合理的な見積方法により工事進捗度を算定する必要があります。

• 為替相場の変動により工事契約から損失が見込まれる場合，為替相場の変動による損失分も含め，工事損失引当金を計上する必要があります。

解 説

（1）工事原価が複数の通貨により発生し，原価比例法を用いて決算日における工事進捗度を見積る場合の留意点

　海外工事では，サブコントラクターや資材の発注業者に対する支払が現地通貨もしくはドルやユーロなどの信用力の高い通貨により決済されることが多く，工事原価が複数の通貨で発生することが想定されます。

　決算日における工事進捗度の見積方法として原価比例法を適用し，工事原価が複数の通貨で発生する場合には，通貨間の為替相場の変動が工事進捗度の算定結果に影響を及ぼすため，適切に工事進捗度を表さないことがあります。このような場合には，工事契約の内容や状況に応じて，為替相場変動の影響を排除するための調整が必要となります。

例1 において，工事原価が複数の通貨で発生し，通貨間の為替相場の変動が原価比例法を用いて算定した工事進捗度に影響を及ぼすケースについて説明します。

例1 原価比例法を用いて決算日における工事進捗度を見積る場合

1．前提条件

① 　A社（3月決算）は，総予想原価4,000百万ドルおよび200,000百万円の工事契約を締結した。

② 　工期は4年であり，工事進行基準を適用する。

③ 　決算日の工事進捗度は，原価比例法を用いて算定する。

④ 　各期の為替相場および工事原価の発生状況は以下のとおりである。

【為替相場】

	20X1年度	20X2年度	20X3年度	20X4年度
期中平均為替相場	100円/ドル	95円/ドル	90円/ドル	85円/ドル
期末日為替相場	90円/ドル	100円/ドル	80円/ドル	70円/ドル

【工事原価の発生状況】　　　　　　　　　　　　（単位：百万ドル，百万円）

	通貨	20X1年度	20X2年度	20X3年度	20X4年度
当期に発生した工事原価（A）	ドル建て分	1,000	1,000	1,000	1,000
	円建て分	50,000	50,000	50,000	50,000
当期までに発生した工事原価（B）	ドル建て分	1,000	2,000	3,000	4,000
	円建て分	50,000	100,000	150,000	200,000
完成までに要する工事原価（C）	ドル建て分	3,000	2,000	1,000	—
	円建て分	150,000	100,000	50,000	—
総予想工事原価（B＋C）	ドル建て分	4,000	4,000	4,000	4,000
	円建て分	200,000	200,000	200,000	200,000

2．円建ての工事原価および工事進捗度

（単位：百万円）

	20X1年度	20X2年度	20X3年度	20X4年度
当期に発生した工事原価（A）	150,000	145,000	140,000	135,000
当期までに発生した工事原価（B）	150,000	295,000	435,000	570,000
完成までに要する工事原価（C）	420,000	300,000	130,000	—
総予想工事原価（B＋C）	570,000	595,000	565,000	570,000
工事進捗度（期間）	26.32%	23.26%	27.41%	23.01%
工事進捗度（累計）	26.32%	49.58%	76.99%	100.00%

【（A）の計算過程】
　20X1年度：1,000百万ドル×100円/ドル＋50,000百万円
　20X2年度：1,000百万ドル×95円/ドル＋50,000百万円
　20X3年度：1,000百万ドル×90円/ドル＋50,000百万円
　20X4年度：1,000百万ドル×85円/ドル＋50,000百万円
【（C）の計算過程】
　20X1年度：3,000百万ドル×90円/ドル＋150,000百万円
　20X2年度：2,000百万ドル×100円/ドル＋100,000百万円
　20X3年度：1,000百万ドル×80円/ドル＋50,000百万円

　上記のとおり，各期の外貨建ての発生工事原価は1,000百万ドルおよび50,000百万円と一定であっても為替相場の変動により工事進捗度は各期で異なる結果となります。なお，為替相場が変動しない場合には，下記のとおり各期の工事進捗度は25％と一定の数値になります。

【為替相場が一定（80円/ドル）の場合】

（単位：百万円）

	20X1年度	20X2年度	20X3年度	20X4年度
当期に発生した工事原価（A）	130,000	130,000	130,000	130,000
当期までに発生した工事原価（B）	130,000	260,000	390,000	520,000
完成までに要する工事原価（C）	390,000	260,000	130,000	—
総予想工事原価（B＋C）	520,000	520,000	520,000	520,000
工事進捗度（期間）	25.00%	25.00%	25.00%	25.00%
工事進捗度（累計）	25.00%	50.00%	75.00%	100.00%

そもそも原価比例法は，決算日における工事進捗度を合理的に見積るための手段の１つであり，決算日における工事進捗度は，工事契約における施工者の履行義務全体との対比において，決算日における当該義務の遂行の割合を合理的に反映する方法を用いて見積る必要があります。そのため，為替相場変動の影響により原価比例法を適用した算定結果が，実際の工事の進捗を合理的に反映しない状況がある場合には，契約の内容や状況に応じて，工事の進捗を合理的に反映するために，原価比例法による進捗度の算定上適切な調整の検討や，原価比例法以外の他の合理的な見積方法の検討が必要になると考えられます。

具体的には，工事進捗度の見積りにおいて，当初実行予算で前提とした為替相場に基づいて原価比例法の計算を行い，為替相場の変動の影響を排除して，工事進捗度を算定する方法や工事の進捗が直接作業時間や施工面積との関係が深いと判断される場合には直接作業時間や施工面積に基づき工事進捗度を算定することが考えられます。なお，工事進捗度の算定において恣意性を排除するために，為替相場変動の影響を調整するための手段や条件を社内ルールとして事前に定めておく必要があります。

（2）為替相場の変動により工事契約から損失が見込まれる場合

工事収益の通貨と，発生する工事原価の通貨とが一致しない場合，それらの通貨間の為替相場の変動が，見込まれる工事損失の金額や工事損失引当金計上の要否の判断に影響を及ぼす可能性があります。また，工事損失引当金には為替相場の変動による損失分も含まれるため，為替相場の変動による影響額を考慮し，工事損失引当金の計上の要否の判断および計上すべき工事損失引当金の額の算定を行うことが必要です。

例2 において，為替相場の変動により工事損失引当金の計上が必要となるケースについて説明します。

例 2 　為替相場の変動により工事損失引当金の計上が必要となるケース

1．前提条件

① 　A社（3月決算）は，工事を2,200百万ドルにて受注した。

② 　総予想原価200,000百万円と見込んでいる。

③ 　工期は3年であり，工事進行基準を適用する。

④ 　決算日の工事進捗度は，原価比例法を用いて算定する。

⑤ 　各期の為替相場および工事原価の発生状況は以下のとおりである。

【為替相場】

	20X1年度	20X2年度	20X3年度
期中平均為替相場	95円/ドル	85円/ドル	75円/ドル
期末日為替相場	100円/ドル	80円/ドル	70円/ドル

【工事原価の発生状況】　　　　　　　　　　　　　　　　（単位：百万円）

	20X1年度	20X2年度	20X3年度
当期に発生した工事原価（A）	60,000	60,000	80,000
当期までに発生した工事原価（B）	60,000	120,000	200,000
完成までに要する工事原価（C）	140,000	80,000	―
総予想工事原価（B＋C）	200,000	200,000	200,000
工事進捗度	30%	60%	100%

2．工事収益

（単位：百万円）

	20X1年度	20X2年度	20X3年度
当期に計上した工事収益（A）	62,700	56,100	66,000
当期までに計上した工事収益（B）	62,700	118,800	184,800
翌期以降に計上予定の工事収益（C）	154,000	70,400	―
総予想工事収益（B＋C）	216,700	189,200	184,800

【（A）の計算過程】
　20X1年度：2,200百万ドル×30%×95円/ドル
　20X2年度：（2,200百万ドル×60%－（2,200百万ドル×30%））×85円/ドル
　20X3年度：（2,200百万ドル×100%－（2,200百万ドル×60%））×75円/ドル
【（C）の計算過程】
　20X1年度：（2,200百万ドル－（2,200百万ドル×30%））×100円/ドル
　20X2年度：（2,200百万ドル－（2,200百万ドル×60%））×80円/ドル

3．工事損失引当金

	20X1年度	20X2年度	20X3年度
工事進捗度に基づき計上した工事損益（A）	2,700	△3,900	△14,000
当期までに計上した工事損益（B）	2,700	△1,200	△15,200
総予想工事損益（C）	16,700	△10,800	△15,200
工事損失引当金の繰入れ	―	9,600	―
工事損失引当金の戻入れ	―	―	9,600

　上記のとおり，20X1年度では，総予想工事損益は16,700百万円と黒字ですが，20X2年度では，為替相場の変動により総予想工事損益が△10,800百万円と赤字になるため，総予想工事損益から当期までに計上した工事損益を控除した9,600百万円（10,800百万円－1,200百万円）を工事損失引当金の繰入れとして計上する必要があります。また，工事損失引当金は，工事の進捗によって実現されるため，20X3年度に9,600百万円の工事損失引当金の戻入れを行うことになります。

Q5-9 外貨建工事契約の資産負債の換算方法

外貨建工事契約における資産負債の換算方法を教えてください。

Answer Point ☝

- 工事契約における外貨建資産負債のうち，完成工事未収入金や工事未払金等の金銭債権債務は決算時の為替相場により換算し，未成工事支出金や未成工事受入金等は金銭授受時の為替相場により換算します。

海外工事により計上される外貨建資産負債の換算方法

　海外工事において発生した外貨建取引は，「外貨建取引等会計処理基準・同注解」および会計制度委員会報告第4号「外貨建取引等の会計処理に関する実務指針」に基づいて会計処理を行うことになり，海外工事により計上される外貨建資産負債の換算は，以下のとおりとなります。

① 完成工事未収入金，工事未払金

　外貨建ての完成工事未収入金や工事未払金は，原則として，取引発生時の為替相場による円換算額をもって記録します。ただし，金銭債権債務であるため，決算の都度，決算時の為替相場により換算する必要があり，換算差額は為替差損益として認識することになります。なお，外貨建ての完成工事未収入金を回収した際や工事未払金を支払った際，決済時の為替相場との差額は，原則として，当期の為替差損益として処理することになります。

　また，工事進行基準の適用により計上される完成工事未収入金についても同様に金銭債権として取り扱われます。完成工事未収入金について，その回収可

能性に疑義がある場合には，金融商品会計基準に基づいて貸倒引当金を計上する必要があります。

②　未成工事支出金，未成工事受入金

　未成工事支出金や未成工事受入金は，金銭債権債務ではなく，費用性資産や収益性負債に該当するため，金銭授受時の為替相場により換算します。

　したがって，決算日の工事進捗度に基づいて計上する完成工事高のうち，未成工事受入金により充当される部分は金銭授受時の為替相場により換算することになります。以下，例を用いて説明します。

例 1 　海外工事により計上される外貨建資産負債の会計処理

1．前提条件
①　A社（3月決算）は，2,000百万ドルの工事契約を締結した。
②　工期は20X1年度～20X2年度（2年）であり，工事進行基準を適用する。
③　各期の為替相場，工事進捗度および工事契約に係る入金状況は，以下のとおりである。

【為替相場】　　　　　　　　　　　　　　　　　　　　　（単位：円/ドル）

	20X1年2月	20X1年3月末	20X2年5月	20X2年8月	20X2年3月末	20X3年7月
入金時／期末時	100	110	105	100	90	85
期中平均		105			95	

【工事進捗度および工事契約に係る入金状況】　　　　　　（単位：百万ドル）

	20X1年2月	20X1年3月末	20X2年5月	20X2年8月	20X2年3月末	20X3年7月
工事進捗度	—	40%	—	—	100%	—
入金額	500	—	500	500	—	500

2．工事収益，完成工事未収入金，および未成工事支出金

(単位：百万ドル)

	20X1年 2月	20X1年 3月末	20X2年 5月	20X2年 8月	20X2年 3月末	20X3年 7月
工事収益		800			1,200	
完成工事未収入金	―	300	―	―	500	―
未成工事受入金	500	―	200	700	―	―

3．会計処理

① 20X1年 2 月　　　　　　　　　　　　　　　　　　(単位：百万円)

(借) 現 金 及 び 預 金	50,000	(貸) 未成工事受入金	50,000

② 20X1年 3 月末

・工事収益の計上

(借) 未成工事受入金	50,000	(貸) 完 成 工 事 高	81,500[*1]
完成工事未収入金	31,500		

(＊1) (800百万ドル－500百万ドル)×105円/ドル＋50,000百万円

・完成工事未収入金の換算

(借) 完成工事未収入金	1,500	(貸) 為 替 差 益	1,500[*1]

(＊1) 300百万ドル×110円/ドル－31,500百万円

③ 20X2年 5 月

(借) 現 金 及 び 預 金	52,500	(貸) 完成工事未収入金	33,000
為 替 差 損	1,500[*1]	未成工事受入金	21,000[*2]

(＊1) 300百万ドル×(105円/ドル－110円/ドル)
(＊2) (500百万ドル－300百万ドル)×105円/ドル

④ 20X2年 8 月

(借) 現 金 及 び 預 金	50,000	(貸) 未成工事受入金	50,000

⑤ X2期 3 月末

・工事収益の計上

(借) 未成工事受入金	71,000	(貸) 完 成 工 事 高	118,500[*1]
完成工事未収入金	47,500		

（＊1）（1,200百万ドル－700百万ドル）×95円/ドル＋71,000百万円

• 完成工事未収入金の換算

（借）為　替　差　損	2,500	（貸）完成工事未収入金	2,500^(＊1)

（＊1）500百万ドル×90円/ドル－47,500百万円

⑥　20X3年７月

（借）現 金 及 び 預 金	42,500	（貸）完成工事未収入金	45,000
為　替　差　損	2,500		

　決算日の工事進捗度に基づき計上される工事収益のうち，既入金部分については入金時の為替相場により換算され，未入金部分については期中平均相場により換算します。また，工事収益の計上により発生した完成工事未収入金は，決算時の為替相場により換算する必要があります。

　なお，　例1　では，工事進捗度を所与のものとして工事収益を計算していますが，工事原価が複数の通貨により発生し，原価比例法を用いて決算日における工事進捗度を見積る場合の留意点についてはQ5-8をご参照ください。

Q5-10 海外のプラントエンジニアリングにおける会計処理

海外のプラントエンジニアリングにおける会計処理の特徴・留意点を教えてください。

Answer Point

- 海外のプラントエンジニアリングでは，カントリーリスク，請負金額の決定方法，工事の契約単位，マルチカレンシー，JVによる受注等，国内工事の実務慣行とは異なるケースがあり，実態に応じた会計処理が必要になります。

解説

　プラントエンジニアリングとは，石油精製，化学，製鉄，発電等のプラント（生産設備）を対象として，企画，設計，調達，施工，施工管理，保守等のプラントが稼動するまでの一連の業務を一括してもしくは部分的に請け負い，これらのサービスを提供する業務です。

　工事契約に関して，工事の進行途上においても，その進捗部分について成果の確実性が認められる場合には工事進行基準を適用し，この要件を満たさない場合には工事完成基準を適用します。

　成果の確実性が認められるためには，工事収益総額，工事原価総額および決算日における工事進捗度について，信頼性をもって見積ることが必要です。

（1）工事収益総額の信頼性をもった見積り

　信頼性をもって工事収益総額を見積るための前提条件として，工事の完成見込みが確実であることが必要であり，施工者は当該工事を完成させるに足りる

十分な能力があり，かつ，完成を妨げる環境要因が存在しないことが必要です。

　また，信頼性をもって工事収益総額を見積るための要件として，工事契約において当該工事についての対価の定めがあることが必要であり，当事者間で実質的に合意された対価の額に関する定め，対価の決済条件および決済方法に関する定めが必要となります。工事収益総額の信頼性をもった見積りに関する，プラントエンジニアリング業の特徴と会計処理上の留意点は以下のとおりです。

①　カントリーリスク

　海外におけるプラント建設では，現地国特有の事情（政治不安，社会不安，インフレ，制度変更，外資規制，債務不履行，ストライキ，テロ，紛争，内乱，革命，自然災害他）により，工事を延期もしくは中断しなくてはならない事象が生じる可能性があります。工事の進行中において，当初想定していた現場環境との相違により施工の妨げになるような事象が生じ，工事の完成見込みが不確実となる場合には，工事進行基準の継続適用の可否を検討する必要があります。

②　請負金額の決定方法

　プラントエンジニアリング業における代表的な請負金額の決定方法として，ランプ・サム契約（Lump Sum Contract）およびコスト・プラス・フィー契約（Cost Plus Fee Contract）があります。

　ランプ・サム契約とは，契約締結時に請負金額を固定金額にて一括して決めてしまう，いわゆる一括請負型の契約です。これに対して，コスト・プラス・フィー契約とは，発生したコストに報酬を加算した金額を請負金額とする契約であり，発生するコストにより請負金額が変動します。

　ランプ・サム契約では，請負金額が固定されているため，資材価格の高騰などにより工事原価の追加負担の発生が回避できず，工事契約から工事損失が発生することが見込まれる場合には，その時点で工事損失引当金を計上する必要があります。

　また，プラントの建設では，設計変更（Change order）や当初の見積りでは想定していなかった外部環境の変化等により受注者の責任範囲外で追加工事等が発生し，請負金額の増額請求を行うことが頻繁にあります。請負金額の増額請求額は，発注者と実質的な合意が得られた時点で工事収益総額に含めます。また，追加工事に伴って発生する工事原価についても実行予算に反映させる必要があります。

③　工事契約の単位

　海外の大型プロジェクトでは，プロジェクト全体を一括して請け負っていても，設計（Engineering）や調達（Procurement）などのプラントが建設される現地国の外から提供する業務と，建設（Construction）などの現地国内で提供する業務で契約を分割することがあり，前者をオフショア契約（offshore agreement），後者をオンショア契約（onshore agreement）といいます。

　工事契約に係る認識の単位は，契約書ごとの形式的な単位で行うのではなく，工事契約において当事者間で合意された実質的な取引の単位に基づく必要があります。したがって，オンショア契約とオフショア契約のように契約単位が分割されていても，工事の受注者が工事全体を完成させる義務を負っているのであれば，両者の契約を結合した単位で会計処理を行う必要があります。

(2) 工事原価総額，決算日における工事進捗度の信頼性をもった見積り

　信頼性をもって工事原価総額を見積るためには，工事原価の事前の見積りと実績を対比することにより，適時工事原価総額の見積りの見直しが行われることが必要です。また，決算日における工事進捗度を見積る方法として原価比例法を採用する場合，決算日における工事進捗度を信頼性をもって見積るためにも，工事原価総額を信頼性をもって見積ることが必要となります。

　工事原価総額，決算日における工事進捗度の信頼性をもった見積りに関する，プラントエンジニアリング業の特徴と会計処理上の留意点は以下のとおりです。

① JV

　受注形態としては，単独受注のほか，数社が共同してJV（Joint Venture）を組成して受注する場合があります。JVは，発注者側が債務不履行リスクを低減できるといったメリットがあります。また，受注者側もリスクの分散や施工能力の相互補完ができるといったメリットがあります。

　(a)　JV構成員の責任範囲

　　JVは，その構成員の責任範囲により分担施工方式と共同施工方式に区分されます。分担施工方式のJVは，コンソーシアムとも呼ばれ，それぞれのJV構成員が担当する業務は区分されており，請負金額も担当業務に応じて分配されていることから，JV全体で実行予算は作成されず，各自で実行予算を作成・管理します。

　　一方で，共同施工方式では，JV全体で実行予算を作成するため，適宜，実行予算を見直すことができるようJVにおける損益管理体制を構築する必要があります。

　　また，共同施工方式の場合，独立会計方式に基づきJVを１つの会計単位としてJVリーダーが会計帳簿を作成するため，JVの会計処理方針が，日本の会計基準と大きく乖離しないようにジョイント・ベンチャー契約（Joint Venture Agreement）において定めておく必要があります。

　(b)　法的形式

　　日本のJVは，国土交通省において定められている「共同企業体制度」に基づき組成され，民法上の組合に相当するため，法人格はありません。これに対して，海外のJVは，法人格の有無により会社型JV（Incorporated Joint Venture）と組合型JV（Unincorporated Joint Venture）に区分されます。そのため，海外のJVが日本のJVに該当せず，会計処理が異なることも想定されますので，留意が必要です。

② マルチカレンシー

　工事収益の通貨と，発生する工事原価の通貨とが一致しない場合，それらの通貨間の為替相場の変動が，見込まれる工事損失の金額や工事損失引当金計上の要否の判断に影響を及ぼす可能性があります。このような場合，工事損失引

当金の計上の要否の判断および計上すべき工事損失引当金の額の算定を行う際には，為替相場の変動による影響額も含めて行うことになります。

　また，決算日における工事進捗度の見積方法として原価比例法を適用し，工事原価が複数の通貨で発生する場合には，通貨間の為替相場の変動が工事進捗度の算定結果に影響を及ぼすため，適切に工事進捗度を表さないことがあります。このような場合には，工事契約の内容や状況に応じて，為替相場変動の影響を排除するための調整が必要となります（詳細は，Q5-8を参照）。

③　コンティンジェンシーコスト

　海外のプラントエンジニアリングは，世界各地のさまざまな環境下で遂行され，かつ巨大プロジェクトとなるため，工事の着工から完成までに長期間を要することになります。そのため，将来の不測の事態に備える費用としてコンティンジェンシーコストを工事原価総額に含めることが実務慣行としてあります。

　コンティンジェンシーコストは，過去において同様プロジェクトの経験や個々のプロジェクトの置かれた環境から将来のリスクに関する費用を見積り，工事原価総額に含めますが，プロジェクト責任者の偏りや恣意性を排除するためにも，具体的な社内ルールや承認体制を構築する必要があります。

④　完成後に発生する工事原価

　プラントが完成し引き渡した後も，工事の主要部分以外の残工事を引き続き行う場合には，収益との対応から今後の残工事や完成後の補修作業等において発生すると想定される工事原価を見積計上する必要があります。

Q5-11　建設業の不動産開発

建設業者は建設事業だけでなく，不動産開発を行う場合があり
ますが，建設業者が行う不動産開発の概要，会計処理上の留意事
項を教えてください。

Answer Point

- 建設業者は不動産開発事業を行う場合があります。
- 収益認識方法は個々の取引ごとに判断します。
- 販売用不動産・開発事業等支出金の評価に留意する必要があります。
- 付随費用の資産計上が認められる場合があります。

（1）建設業と不動産開発

　オフィスビル，商業施設の建設，マンションの分譲，大規模な宅地造成等の
不動産開発は，建設工事を伴うものであり，不動産開発に建設業者の参加は不
可欠です。

　不動産開発は不動産会社が中心となって行うこともありますが，資金力，情
報力等を活かし，建設業者自身が事業主となることもあり，市街地再開発事業
に事業協力者・特定業務代行者として参画するケースや，特別目的会社（SPC）
を設立して出資を行うケース等，さまざまなスキームが存在します。

　また，開発した不動産の売却等によって利益の獲得を狙うのはもちろんのこ
と，建設工事の受注を目的として建設業者が開発事業に参画する場合もありま
す。

（2）不動産開発における収益認識

　不動産開発の会計処理について，これを特別に定めた会計基準等は今のところありません。不動産開発の収益認識は一般的な実現主義に基づき認識していくことになります。

　不動産開発は主として対象不動産の引渡しにより収益認識を行っていきますが，不動産取引には，以下の特性があるとされています（「不動産の売却に係る会計処理に関する論点の整理」（企業会計基準委員会　2004年2月13日））。

---

① 　外形上引渡しの事実を認定することが困難であることが多い。

② 　取引の金額が多額となることが多い。

③ 　さまざまな形で売手の継続的関与が行われることがある。

　また，不動産開発は計画の着手から開発の完了まで長期間を有するため，その間に計画やスキームの変更が行われることもあります。

　これらの特性から，不動産開発取引においては，個々の取引ごとに，実現主義の要件を満たしているか，すなわち，財貨の移転と対価の成立が完了しているかを検討したうえで，収益認識を行う必要があります。

　わが国の不動産取引においては，物件の引渡しと代金の決済は同時に行われることが通常です。この場合，財貨の移転の完了とは不動産の引渡しが完了することをいい，対価の成立とは代金が回収される，あるいは代金の回収リスクが解消されることをいうと考えられます。

　さらに，再開発組合やSPCを利用した不動産開発を行う場合で，建設工事を当該再開発組合やSPCから受注した場合，工事請負契約として収益認識を行うのか，上記のように自己の不動産開発取引として収益認識を行うのか，個々の取引実態に応じて判断する必要があります。

　なお，収益認識会計基準においても不動産開発取引の収益認識について明記はされていないため，基準の原則的な考え方に従って処理していくことになります。

（3）販売用不動産・開発事業等支出金の評価

　開発事業において取得した土地の購入代価や支出した費用等は，収益が実現するまでは，販売用不動産，開発事業等支出金等の科目で棚卸資産として貸借対照表に計上されることになります。

　棚卸資産に関しては，企業会計基準第９号「棚卸資産の評価に関する会計基準」があり，これに従った評価を行う必要があります。

　ポイントは，正味売却価額で評価することですが，不動産については，市場価格の観察が難しい，開発計画の実現可能性に不確実性がある等の特性があります。

　そのため，監査・保証実務委員会報告第69号「販売用不動産等の評価に関する監査上の取扱い」が別途公表されています。販売用不動産，開発事業等支出金の評価に際しては，当該取扱いを参考にする必要があります。

①　販売用不動産の評価のポイント

　販売用不動産については，公表されている販売（予定）価格がある場合には当該価格を基礎とした販売見込額から販売経費等の見込額を差し引いて正味売却価額を算定し，評価することになります。

　ただし，販売（予定）価格で販売する見込みが乏しい物件については，販売可能見込額により評価することになります。

　公表されている販売（予定）価格がない場合には，「不動産鑑定評価基準」に基づいて算定した価額，一般に公表されている地価または取引事例価格，収益還元価額を基準に販売見込額を見積り，これから販売経費等の見込額を差し引いて正味売却価額を算定し，評価することになります。

②　開発事業等支出金の評価のポイント

　開発事業等支出金も，正味売却価額で評価する点は販売用不動産の評価と変わりはありません。ただし，開発事業等支出金の場合，開発計画の実現可能性の有無により，正味売却価額が大きく変わります。

　そのため，計画の実現可能性を慎重に判断する必要があります。

工事が一定期間延期または中断されている場合には，特に慎重に判断する必要があり，以下の場合には，原則として，開発計画の実現可能性はないものとされているので留意が必要です（「販売用不動産等の評価に関する監査上の取扱い」4.(3)）。

(a) 開発用の土地等の買収が完了していないため，開発工事の着工予定時からおおむね5年を経過している開発計画
(b) 開発用の土地等は買収済みであるが，買収後おおむね5年を経過しても開発工事に着工していない開発計画
(c) 開発工事に着工したが，途中で工事を中断し，その後おおむね2年を経過している開発計画

(4) 付随費用の資産計上

不動産開発事業は，計画の着手から開発の完了まで長期間を要し，用地の取得等に多額の資金を要することから，プロジェクトごとの借入金によって資金調達を行う場合があります。

このような場合には，支払利子を原価算入，すなわち，販売用不動産・開発事業等支出金に含めて処理することができる場合があります。

ただし，①所要資金が特別の借入金によって調達されていること，②適用される利率は一般的に妥当なものであること，③原価算入の終期は開発の完了までとすること，④正常な開発期間の支払利子であること，⑤開発の着手から完了までに相当の長期間を要するもので，かつ，その金額の重要なものであること，⑥財務諸表に原価算入の処理について具体的に注記すること，⑦継続性を条件とし，みだりに処理方法を変更しないこと（不動産開発事業を行う場合の支払利子の監査上の取扱いについてⅡ），のすべての条件を備えている必要があるので，留意が必要です。

Q5-12　工事進行基準に関する税務上の取扱い

工事進行基準に関する税務上の取扱いを教えてください。

Answer Point

- 建設工事等の請負契約において，一定の場合には，法人税法上，工事の進行度合に応じて収益を計上する工事進行基準を適用することが認められています。
- 税務上では工事進行基準が強制適用される場合と，工事進行基準を任意適用できる場合があります。

解　説

（1）工事進行基準が強制適用される場合

　法人税法上，建設工事等の請負契約のうち，以下のすべての要件を満たす「長期大規模工事」に該当する建設工事については，工事進行基準が強制適用され，工事の進行度合に応じて収益を計上することになります（法法第64条第1項，法令第129条第1項，第2項）。なお，損失が生じると見込まれる工事の場合でも適用されます。

- 着工から引渡しまでの期間が1年以上の工事（製造およびソフトウェアの開発を含む）
    - （注）ただし，事業年度末において着工から6カ月を経過していないもの，または，工事進行割合が20%未満のものについては適用しないことができます（法令第129条第6項）。
- 請負対価の額が10億円以上で，かつ，その対価の額の2分の1以上を工事の完成・引渡しから1年を超えて受け取る旨の契約事項がないこと
    - （注）工事の請負には，設計・管理等の役務の提供のみは含まれませんが，工事

の請負と一体として請け負ったと認められるこれらの役務の提供の請負については その工事の請負に含まれます（法基通2‐4‐12）。

（2）工事進行基準を任意適用できる場合

上記（1）の「長期大規模工事」に該当しない建設工事については，工事進行基準の適用は強制されませんが，以下のすべての要件を満たす建設工事の場合には，個々の工事ごとに工事進行基準を任意適用することができます（法法第64条第2項）。なお，損失が生じると見込まれる工事の場合でも適用することができます。

- 契約で着工から引渡しまでの期間が2事業年度以上にわたる工事
- 工事進行基準で経理すること
- 選択適用した工事については，毎期継続して適用すること
  - （注）なお，着工事業年度後のいずれかの事業年度において工事進行基準により経理しなかった場合には，その経理しなかった決算に係る事業年度の翌事業年度以後については，工事進行基準を適用することはできません（法法第64条第2項ただし書）。

（3）計算方法

① 工事進行基準の計算方法

工事進行基準を適用した場合の収益の額および費用の額は，次の算式により計算します（法令第129条第3項）。

図表5-12-1

収益の額 =	工事の請負対価の額	×	工事進行割合〔引渡事業年度は1とする〕	− 前期までに計上した収益の額の合計額
費用の額 =	期末現況により見積られる工事原価の額	×		− 前期までに計上した費用の額の合計額

$$\frac{\text{期末までに要した原材料，労務費その他の経費の額の合計額}}{\text{期末現況による見積工事原価の額}}$$

②　長期大規模工事で請負対価の額が未確定の場合

　建設工事（追加工事を含む）の請負対価の額が事業年度終了時において未確定の場合には，期末時の現況により見積られる工事原価の額を請負対価の額とみなして工事進行基準の計算を行います（法令第129条第 4 項）。

③　工事進行基準の問題点

　上記①の計算式を使って工事進行基準を適用した場合，以下のように，実際の工事が進行していないのにもかかわらず，工事原価の額が見直されるだけで利益が計上されることがあります。

(a)　請負対価の額 6 億円，工事原価の額 4 億円，当期発生工事原価 1 億円の場合

$$工事進行割合 = \frac{1 億円}{4 億円}$$

売上高　150,000千円 $\left(6 億円 \times \dfrac{1 億円}{4 億円} \right)$

原価　　100,000千円 $\left(4 億円 \times \dfrac{1 億円}{4 億円} \right)$

利益　　　50,000千円

(b)　翌期工事がストップして原価の発生がゼロであったが，工事原価の額が見直され 3 億円となった場合

$$工事進行割合 = \frac{1 億円}{3 億円}$$

売上高　50,000千円 $\left(6 億円 \times \dfrac{1 億円}{3 億円} - 1.5 億円 \right)$

原価　　　　　 0 $\left(3 億円 \times \dfrac{1 億円}{3 億円} - 1 億円 \right)$

利益　　50,000千円

（4）適用範囲の拡充

　工事進行基準が強制される適用基準（請負金額および工事期間）は，工事を着工する事業年度により，以下のように変遷しています。なお，2008年度税制改正前は長期大規模工事以外の工事で損失が生ずると見込まれるものについて

は工事進行基準は適用できないこととなっていました。

図表5-12-2

以下の事業年度に着工した請負契約に係る工事 （製造を含む）	請負対価の額	工事期間
1998年4月1日から2001年3月31日まで	150億円以上	
2001年4月1日から2004年3月31日まで	100億円以上	2年以上
2004年4月1日から2008年3月31日まで	50億円以上	

（5）収益認識会計基準適用の影響

　収益認識会計基準への対応として，法人税は原則としてその考え方を取り入れる方針で改正が行われており，長期大規模工事に関する判定についても以下の内容が追加されています。

①　長期大規模工事に該当するかどうかの判定単位

　請け負った工事が長期大規模工事に該当するかどうかは，当該工事に係る契約ごとに判定をします。複数の契約書により工事の請負に係る契約が締結されている場合であって，当該契約に至った事情等からみてそれらの契約全体で一の工事を請け負ったと認められる場合には，当該工事に係る契約全体を一の契約として長期大規模工事に該当するかどうかの判定を行うこととされていますが，2018年度税制改正に伴う法人税基本通達の改正により，この判定の単位について，収益認識会計基準の適用により区分した単位を一の取引の単位としている場合には，当該単位により判定を行うことが追加されました（法基通2－4－14）。

②　工事の目的物について個々に引渡しが可能な場合の取扱い

　工事の請負に係る一の契約においてその目的物について個々に引渡しが可能な場合であっても，当該工事が長期大規模工事に該当するかどうかは，当該一の契約ごとに判定をします。

　ただし，その目的物の性質，取引の内容ならびに目的物ごとの請負の対価の

額および原価の額の区分の状況などに照らして，個々に独立した契約が一の契約書に一括して記載されていると認められる工事の請負については，当該個々に独立した契約ごとに長期大規模工事の判定を行うこととされていますが，2018年度税制改正に伴う法人税基本通達の改正により，この判定の単位について，収益認識会計基準の適用により区分した単位を一の取引の単位としている場合（当該区分した単位ごとに対価の額が区分されている場合に限る）には，当該単位により判定を行うことが追加されました（法基通2‐4‐15）。

Q5-13 工事進行基準に関するその他税務上の留意点

工事進行基準に関するその他税務上の留意すべき事項について
教えてください。

Answer Point ☝

- 着工事業年度後に請負対価の額に増額または減額等の事由が生じ
た場合や，外貨建工事等の場合に，留意すべき事項があります。

解説

(1) 着工事業年度後における請負対価の額の変更等

① 着工事業年度後において長期大規模工事に該当することとなった場合

(a) 原則的取扱い

工事完成基準の適用を受けている工事が，請負対価の額の増額等の事由に
より，着工事業年度後において長期大規模工事に該当することとなった場合
には，原則として，既往事業年度分も含め，その該当することとなった事業
年度終了時における進行割合に応じた収益の額および費用の額を，一括して
計上する必要があります。

(b) 特例的取扱い

特例として，その工事につき当初から工事進行基準を適用していたと仮定
した場合における前事業年度までの収益の額および費用の額とされる部分の
金額については，その計上を完成時まで繰り延べることが認められていま
す。なお，この規定の適用を受ける場合には，確定申告書にその長期大規模
工事に係る既往事業年度の収益の額および費用の額の計算に関する明細書を
添付する必要があります（法令第129条第5項，第8項）。

ただし，該当することとなった事業年度後において，工事進行基準により

経理した場合またはこの特例の適用を受けなかった場合には，その経理した決算に係る事業年度またはその適用を受けなかった事業年度以後は，この特例の適用を受けることができません（法令第129条第5項ただし書）。

図表5-13-1　工事着工後2年目で長期大規模工事に該当した場合―原則的取扱い

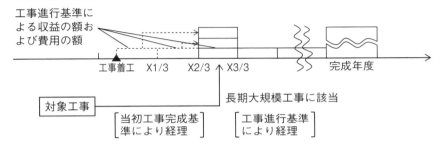

図表5-13-2　工事着工後2年目で長期大規模工事に該当した場合―特例的取扱い

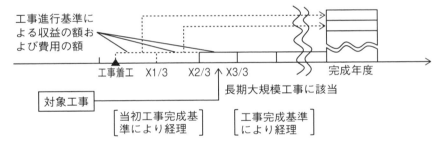

② 着工事業年度後において長期大規模工事に該当しないこととなった場合

長期大規模工事に該当していた工事が，着工事業年度後において請負対価の額の減額等の事由が生じたことにより，長期大規模工事に該当しないこととなった場合でも，工事進行基準により過去に計上した収益の額および費用の額をさかのぼって修正することは認められません（法基通2-4-16）。

（2）完成工事未収入金

工事進行基準により計上された完成工事未収入金は，売掛債権等に該当することとなります（法令第130条）。したがって，一括評価金銭債権に係る貸倒引

当金（原則として中小法人等に限定されています（法法第52条第1項，第2項））
や貸倒損失の対象とすることができます。

(3) 外貨建工事

① 長期大規模工事における請負対価の額の判定

　外貨建工事の請負対価の額は，契約時の為替相場による円換算額に基づき判
定します（法令第129条第1項）。そのため，契約時における円換算額が10億円
以上であれば長期大規模工事とされ，その後為替変動により10億円を下回った
としても長期大規模工事として取り扱うことになります。また，契約後に値増
しや追加工事等があった場合も，契約時の為替相場により判定します（法基通
2-4-21）。

② 工事進行基準の計算

　外貨建工事における工事進行基準の計算は，継続適用を要件として，計算の
基礎となる金額につきすべて円換算後の金額により計算する方法，または，外
貨建ての金額に基づき計算した金額について円換算を行う方法等が認められて
います（法基通2-4-22）。

(4) 企業組織再編税制

① 工事進行基準の強制適用

　法人が適格合併等（適格合併，適格分割または適格現物出資をいう）により，
長期大規模工事に係る契約の移転を受けた場合には，その合併法人等は工事進
行基準を引き続き適用することになります（法法第64条第3項，法令第131条
第1項）。

② 工事進行基準の任意適用

　工事進行基準を適用している契約（長期大規模工事に該当するものを除く）
の移転を受けた場合には，合併法人等は工事進行基準を引き続き適用すること
ができます（法法第64条第3項，法令第131条第2項）。

Q5-14　工事完成基準に関する税務上の取扱い

　工事完成基準およびその他特殊工事に関する税務上の取扱いを教えてください。

Answer Point

- 建設工事等の請負契約においては，工事完成基準が税務上の原則の取扱いとなり，請負契約の目的物の全部を完成して引き渡した日に，収益を全額計上することになります。
- その他特殊工事に関する例外規定として，一定の場合には，部分完成基準（強制適用）や延払基準（任意適用）により収益を計上することがあります。

解　説

（1）工事完成基準（原則的取扱い）

　法人税法上，建設工事等の請負契約による収益は，原則として，工事完成基準により計上することになります。したがって，上述Q5-12に規定する長期大規模工事に該当し工事進行基準が強制適用される場合，または，長期大規模工事以外の建設工事について工事進行基準を任意適用する場合等を除き，原則として，請負契約の目的物の全部を完成して引き渡した日において収益を全額計上することになります（法基通2-1-21の7）。

　また，完成・引渡しに係る税務上の判定基準は，建設工事等の種類および性質，契約の内容等に応じ，その引渡しの日として合理的であると認められる日のうち法人が継続してその収益計上を行うこととしている日によるものとされており，具体的には以下4つの基準が例示されています（法基通2-1-21の8）。なお，引渡しの日の判断は，その後の補修や追加工事の実施，保証期間

の定め等には影響されません。

- 作業を結了した日
- 相手方の受入場所へ搬入した日
- 相手方が検収を完了した日
- 相手方において使用収益ができることとなった日

(2) 特殊な工事収益の認識

　法人税法上，工事進行基準によった場合，または，工事完成基準によった場合には，それぞれの方法により収益を計上することになりますが，これら以外にも例外規定として，部分完成基準，延払基準（2018年度税制改正により廃止（一定の経過措置あり））により収益を計上することが認められています。

①　部分完成基準（強制適用）

　建設工事等の請負契約が1つの包括的な契約の場合であっても，以下のいずれかの要件を満たす建設工事の場合には，個々の建設工事ごとに工事完成基準を部分的に適用する，部分完成基準が強制適用されます。この場合，建設工事等の全部が完成しないときであっても，その事業年度において引き渡した建設工事等の量または完成した部分に区分した単位ごとに収益を計上することになります（法基通2-1-1の4）。

　なお，部分完成基準は，工事完成基準の一種であり，工事進行基準とは異なる収益の計上方法となります。また，工事進行基準を適用している工事は部分完成基準の対象外となります。

- 一の契約により同種の建設工事等を多量に請け負ったような場合で，その引渡量に従い工事代金を収入する旨の特約または慣習がある場合
- 1個の建設工事等であっても，その建設工事等の一部が完成し，その完成部分を引き渡した都度その割合に応じて工事代金を収入する旨の特約または慣習がある場合

②　延払基準の廃止

　従前においては，建設工事等の請負契約のうち，以下(a)に規定する「長期割

賦販売等」に該当する場合には，延払基準を任意適用することが認められていました。この場合，工事の目的物が完成して相手方に引き渡している場合であっても，その工事代金の回収が長期にわたるときは，その賦払金の回収期日が到来した金額をもって収益を計上することができました（旧法法第63条）。

　しかしながら，収益認識会計基準の導入を契機として，2018年度税制改正により，2018年4月1日以後に終了する事業年度から長期割賦販売等に係る延払基準は廃止されることになりました。

　(a)　長期割賦販売等

　長期割賦販売等とは，以下のすべての要件に適合する条件を定めた契約に基づいて行われる資産の販売等となります。

- 3回以上に分割して対価の支払を受けること
- 賦払金の支払期間が2年以上であること
- 頭金の額が，代金の3分の2以下であること

　(b)　経過措置の内容

　2018年4月1日前に行った建設工事等の請負契約のうち，長期割賦販売等に係る延払基準の適用を受けている場合には，2023年3月31日までに開始する各事業年度（経過措置事業年度）について従前どおり延払基準の方法により収益の額を計算することが認められています。また，2018年4月1日以後に終了する事業年度において延払基準の適用をやめた場合には，繰延割賦利益額を10年均等で収益計上することが認められています（平成30年改正法附則28）。

Q5-15 工事原価に係る税務上の取扱い

工事原価に係る税務上の取扱いについて教えてください。

Answer Point

- 工事原価として処理している費用の中にも，税務調整を要するものがあります。代表的な交際費や寄附金等以外にも留意すべき事項があります。

解 説

（1）未確定工事原価の見積り

　会計上，費用収益対応の見地から，期末時点において適正な見積計算を行うことがありますが，税務上も当該事業年度において計上すべき工事原価の全部または一部が確定していない場合には，収益に対応すべき工事原価について合理的に見積計上をすることとされています。ただし，完成・引渡し後に対応する補修・点検に係る単なる事後的費用の性格を有するものは，見積計上することは認められません（法基通2-2-1）。

　また，その後工事原価が確定した場合に，見積額と確定額とに差額が生じた場合には，その差額は，当該確定した日の属する事業年度において調整することになります（法基通2-1-1の10，2-2-1）。

（2）原価差額に係る調整

　工事原価のうち，労務費などについては，予定単価を設定したうえ，予定配賦によって工事原価を算定する場合があります。この場合には，実際発生額と予定配賦額との差額である原価差額について期末に調整が必要となりますが，税務上は，原価差額が総原価の1％相当額以内の場合には，原価差額の調整を

要さず，全額当期の工事原価として処理することが認められています（法基通
5-3-3）。

（3）仮設材料費の原価配分の特例

建設工事用の足場，型わく，山留用材，ロープ，シート，危険防止用金網の
ような仮設資材は反復使用が可能であることから，購入費用のすべてを最初に
使用した工事原価として負担させることは適当ではありません。本来であれ
ば，これらについて減価償却を行い，その償却費を合理的に工事原価に配賦す
ることとなりますが，継続適用を要件として，以下のいずれかの金額を未成工事
支出金から控除することも認められています。なお，他の工事現場等へ転送し
た仮設材料のすべてに適用する必要があります（法基通2-2-6）。

- 当該仮設材料の取得価額から損耗等による減価の見積額を控除した金額
- 当該仮設材料の損耗等による減価の見積りが困難な場合には，工事の完了
  または他の工事現場等への転送の時における当該仮設材料の価額に相当す
  る金額
- 当該仮設材料の再取得価額に適正に見積った残存率を乗じて計算した金額

（4）受注のために要する費用

税務上，請負収益に対応する原価の額には，その請負の目的となった物の完
成または役務の履行のために要した材料費，労務費，外注費および経費の額の
合計額のほか，その受注または引渡しをするために直接要したすべての費用の
額が含まれることになります（法基通2-2-5）。

したがって，営業段階での見積作業等により発生する設計費等の受注獲得費
用については，受注の可否が決定するまでの間は，税務上損金の額には算入す
ることはできません。ただし，受注が結果的に失敗した場合には，失敗した段
階で原価外の費用として損金の額に算入することになります。

また，受注を獲得するため，謝礼金等を支払うことがありますが，相手方の
要請により支出先等を明らかにすることができないような場合には，税務上使
途秘匿金として取り扱われることがあります。

Q5-16 消費税の留意点

建設業における消費税の留意すべき事項について教えてください。

Answer Point ☝

- 法人税法上で工事進行基準等を適用している場合であっても，消費税法上は原則的取扱いと特例的取扱いの選択適用が認められています。

解 説

（1）資産の譲渡等の時期（売上げに係る消費税）

① 原則的取扱い

消費税法上，建設工事等の請負による資産の譲渡等の時期は，原則として，工事の目的物が完成して相手方に引き渡した日となります（消基通9-1-5）。したがって，法人税法上で工事進行基準を適用している場合であっても，消費税法上は工事完成基準により課税売上げを認識することができます（消基通9-4-1）。

なお，引渡しの日の判断は，Q5-14に記載した法人税法上の判断と同様になります（消基通9-1-6）。

② 特例的取扱い

法人税法上で工事進行基準を適用している場合には，消費税法上も工事進行基準により課税売上げを認識することができます（消法第17条）。

すなわち，法人税法上で工事進行基準を適用している場合には，消費税法上は原則的取扱いの工事完成基準によるか，特例の工事進行基準によるかの選択

適用が認められていることになります。

　また，部分完成基準（消基通9-1-8）など，消費税法においても法人税法と同様の規定が設けられています。

（2）仕入税額控除の時期（仕入れに係る消費税）

①　原則的取扱い

　消費税法上，建設工事等の請負による目的物の完成前に行った課税仕入れ等に係る仕入税額控除の時期は，原則として，課税仕入れ等をした日となります（消法第30条第1項）。したがって，建設工事等の請負による目的物の完成前に行った課税仕入れ等を未成工事支出金として経理した場合であっても，実際に課税仕入れを行ったときにおいて仕入税額控除を行うことが原則となります。

　なお，資産の譲渡等の時期と仕入税額控除の時期については，対応させることが特に求められていないため，工事完成基準を適用している工事がまだ未完成である場合には，消費税法上，当該工事に係る仮受消費税をまだ認識する必要がない一方で，仮払消費税については仕入税額控除の対象にすることができる場合があります。

②　特例的取扱い

　特例として，継続適用を要件に工事の目的物が完成して相手方に引き渡したときに仕入税額控除を行うことも認められています（消基通11-3-5）。この場合，課税仕入れ等の時期が遅くなり，結果として，資産の譲渡等の時期と仕入税額控除の時期が対応することになります。

Q5-17 IFRSに基づく工事契約の会計処理

IFRSを適用した場合の，工事契約における収益の認識について教えてください。

Answer Point

- IFRSでは，IFRS第15号「顧客との契約から生じる収益」に従って会計処理することとなり，一定の要件を充足した場合には，一定期間にわたって収益を認識することになります。
- 一定期間にわたって収益認識する場合には，進捗度に基づいて収益認識する必要があります。
- なお，日本基準における収益認識会計基準は，IFRS第15号を出発点として開発されており，日本基準においても以下と同様な検討が必要となります。

(1) IFRSにおける工事契約の取扱い

IFRSでは収益に関する基準としてIFRS第15号「顧客との契約から生じる収益」がありますが，工事契約の収益認識に関する特別な会計基準はありません。そのため，工事契約についても，IFRS第15号に従って会計処理する必要があります。

(2) IFRS第15号における収益認識の考え方

IFRS第15号における中心となる原則は，「企業が収益の認識を，約束した財又はサービスの顧客への移転を当該財又はサービスと交換に企業が権利を得ると見込んでいる対価を反映する金額で描写するように行わなければならない」

（IFRS第15号第2項）とされています。

　この中心となる原則を達成するように，以下の5つのステップを経て会計処理を決定する必要があります。

①【ステップ1】顧客との契約の識別

　一定の要件を満たすことにより，IFRS第15号の範囲に含まれることになる顧客との契約を識別します。契約とは，強制可能な権利および義務を生じさせる複数の当事者間における合意であり，書面によるもの，口頭によるもの，企業の事業慣行により合意されるものを含むとされています。また，複数の契約を結合して，単一の契約として会計処理しなければならない場合があります。

②【ステップ2】契約における履行義務の識別

　履行義務に基づいて収益計上の金額（ステップ4）や時期（ステップ5）が決定されるため，別個の履行義務としてどのようなものが，識別した顧客との契約に含まれるのかを検討する必要があります。

③【ステップ3】取引価格の算定

　契約ごとに取引価格（約束した財またはサービスとの交換で権利を得ると見込んでいる対価の金額）を算定します。

④【ステップ4】取引価格を契約における履行義務に配分

　契約に複数の履行義務を識別した場合には，それぞれの履行義務の独立販売価格の比率に基づいて，取引価格を識別した履行義務に配分します。

⑤【ステップ5】履行義務の充足時に（または充足につれて）収益を認識

　履行義務は約束した財またはサービス（すなわち，資産）に対する支配を顧客に移転した時に（または移転するにつれて）充足されます。資産に対する支配が一定の期間にわたり移転される場合，支配が移転される（履行義務が充足される）につれて，一定の期間にわたって収益を認識します。履行義務は，一定の期間にわたり充足するものではない場合に，一時点で充足されます。

資産に対する支配とは，当該資産の使用を指図し，当該資産からの残りの便益のほとんどすべてを獲得する能力を指します。

(3) 契約における履行義務の識別

履行義務とは，顧客に以下のいずれかを移転するという当該顧客との契約における約束をいいます（IFRS第15号付録A）。

(a) 別個の財またはサービス（あるいは財またはサービスの束）

(b) ほぼ同一で顧客への移転のパターンが同じである一連の別個の財またはサービス

履行義務を単位に収益計上の金額（ステップ4）や時期（ステップ5）が決定されるため，識別した顧客との契約に含まれる履行義務を検討する必要があります。以下の要件の両方を満たした場合には，別個の財またはサービスとなります（IFRS第15号第27項）。

(a) 顧客がその財またはサービスからの便益を，それ単独でまたは顧客にとって容易に利用可能な他の資源と組み合わせて得ることができる

(b) 財またはサービスを顧客に移転するという企業の約束が，契約の中の他の約束と区分して識別可能である

建物の建設に関する工事契約を考える場合，企業は一般的にプロジェクト全体管理の責任を有し，さまざまな財またはサービスを提供することになります。これらには，設計，整地，基礎工事，資材調達，構造の建設，配管および配線，設備の据付，仕上げなどが含まれます。

このような工事契約において，企業が財およびサービス（インプット）を顧客が契約した目的である建物（結合後のアウトプット）に統合するという重要なサービスを提供していると判断した場合には，企業が提供する個々の財またはサービスは，IFRS第15号第27項(b)の要件を満たさないことになり，契約の中の財およびサービスのすべてを単一の履行義務として会計処理することになります（IFRS第15号設例10）。

(4) 履行義務の充足

次の要件のいずれかを満たす場合，企業は一定の期間にわたり履行義務を充

足し収益を認識します（IFRS第15号第35項）。

- (a)　顧客が，企業の履行によって提供される便益を，企業が履行するにつれて同時に受け取って消費する
- (b)　企業の履行が，資産（たとえば，仕掛品）を創出するかまたは増価させ，顧客が当該資産の創出または増価につれてそれを支配する
- (c)　企業の履行が，企業が他に転用できる資産を創出せず，かつ，企業が現在までに完了した履行に対する支払を受ける強制可能な権利を有している

　　これらの要件のいずれも満たさない場合には，一時点で収益を認識することになります。建設工事請負契約において識別された履行義務のそれぞれが，上記の要件のいずれかを満たす場合には，当該履行義務の完全な充足に向けての進捗度を測定することにより，一定の期間にわたり収益を認識することになります。

（5）進捗度の算定

　一定の期間にわたり充足される履行義務のそれぞれについて，単一の進捗度測定の方法を適用しなければならず，その方法を類似の履行義務および類似の状況に首尾一貫して適用する必要があります（IFRS第15号第40項）。

　進捗度の測定方法には以下の方法があります。

- (a)　アウトプット法（IFRS第15号B15項～B17項）
- (b)　インプット法（IFRS第15号B18項，B19項）

　なお，一定の期間にわたり充足される履行義務について収益を認識するのは，履行義務の完全な充足に向けての進捗度を合理的に測定できる場合に限られます（IFRS第15号第44項）。

　また，一部の状況（たとえば，契約の初期段階）において，履行義務の結果を合理的に測定できないが，履行義務を充足する際に発生するコストを回収すると見込んでいる場合があり，そのような場合には，当該履行義務の結果を合理的に測定できるようになるまで，収益の認識を発生したコストの範囲でのみ行わなければならないとされています（IFRS第15号第45項）。

Q5-18　IFRSに基づく工事損失引当金の会計処理

　IFRSを適用した場合の，工事損失引当金の会計処理について教えてください。

Answer Point

- IFRSでも，日本基準と同様に工事損失引当金を計上する必要があります。

解　説

（1）日本基準における工事損失引当金

　建設会社が，請け負っている工事契約について最終的に損失が発生することを見込む場合があります。たとえば，建設工事の進捗に伴い，受注金額（工事契約収益）を見込む際に想定していなかった事象（原価の高騰等）が発生し，当初の想定以上に見積原価が膨らんで，受注金額を超過する可能性があるような場合です。

　このような場合，日本基準では，将来の損失に備えるため，損失見込額を損失が見込まれたタイミングで工事損失引当金として計上し，費用として計上することになります。これは，当該建設工事に関して将来損失が発生する原因は，当期以前の事象（工事契約の締結）に起因しており，発生することが見込まれる損失に備えるために引当金を計上する必要があるからです。

（2）IFRSにおける工事損失引当金

　IFRSを適用した場合でも，この場合には日本基準と同様の会計処理が必要となります。

　IAS第37号「引当金，偶発負債及び偶発資産」では，契約による義務を履行

するための不可避的なコストが，当該契約により受け取ると見込まれる経済的便益を上回る契約（不利な契約（IAS第37号第10項））を有している場合には，当該契約による現在の義務を引当金として認識し，測定しなければならないと定めています（IAS第37号第66項）。

　したがって，建設工事の進捗に伴い，当初想定していた金額以上に原価が発生すると見積られ，当該建設工事契約による履行義務を遂行するための必要な資材の購入費，人件費等の原価（不可避的なコスト）が，当該建設工事契約の請負金額（経済的便益）を上回ることによって損失が見込まれる場合には，契約による不可避的なコストを引当金として認識・測定することになります。

　契約による不可避的なコストとは，契約から解放されるための最小の正味コストを反映し，契約履行のコストと契約不履行により発生する補償または違約金のいずれか低い方とされています（IAS第37号第68項）。よって，建設工事契約における不利な契約に基づく引当金は，建設工事を完了するために発生する原価と受領する請負金額を相殺した金額（正味コスト）を反映した金額として測定することになります（なお，当該建設工事契約を解約するのに必要な違約金が，契約を履行する場合に見積られる正味コストを下回る場合には，当該違約金の金額に基づき引当金を測定することとなります）。

Q5-19 　IFRSに基づく海外工事の会計処理

　IFRSを適用した場合の，海外工事の会計処理について教えてください。

Answer Point

- ・IFRSでは，企業が営業活動を行う主たる経済環境の通貨（機能通貨）を決定する必要があります。
- ・異なる機能通貨で測定された各企業の財務諸表に基づいて連結財務諸表を作成するために，表示通貨に換算する必要があります。

解　説

（1）海外工事に関する会計処理

　近年，多くの建設会社は，その技術・ノウハウに基づき，海外における土木工事・建設工事を受注するケースが増えています。本社が直接海外の施主から受注する場合や，海外にある支店・子会社が独自の判断で受注する場合があります。このような海外で行う建設工事では，異なる通貨に基づく取引をどのように会計処理するかが論点となります。

　日本基準では，「外貨建取引等会計処理基準」（企業会計審議会　1999年10月22日）に基づき，本社や支店が海外から外貨建てで受注するような取引は，外貨建取引として取引時に円貨で記帳し，また，在外子会社が海外から受注する建設工事等は，いったん，所在地国の通貨で記帳して，親会社が連結財務諸表を作成するときに，当該在外子会社の個別財務諸表を円貨に換算することになります。

（2）IFRSにおける会計処理

　IFRSは，報告企業および報告企業に含まれる個々の企業が各々の機能通貨を決定し，当該通貨でその業績および財政状態を測定することを要求しています。したがって，このような海外工事の取引をどのような通貨で会計処理すべきかが論点となります。日本基準では，あまり意識されていなかった点ですが，IFRSでは，企業が営業活動を行う主たる経済環境の通貨を機能通貨と定め（IAS第21号「外国為替レート変動の影響」第8項），機能通貨を決定するのに考慮すべき要因を規定しています。営業活動を行う経済環境が異なると判断した場合には，同一企業であっても在外支店と本社で異なる通貨を機能通貨として決定する場合があります。

　採用する機能通貨と異なる通貨で取引する場合に，当該異なる通貨がその事業体における外貨となります。

（3）機能通貨の決定

　機能通貨を決定するにあたっては，①財およびサービスの販売価格に主に影響を与える通貨またはその競争力および規制が財およびサービスの販売価格を主に決定する国の通貨，②労務費，材料費および財またはサービスを提供するための他のコストに主に影響を与える通貨を検討する必要があります（IAS第21号第9項）。これで決定できない場合には，財務活動により資金が創出される通貨や，営業活動からの入金額を通常は保持する通貨であるか否かも考慮して決定します（IAS第21号第10項）。

　連結財務諸表を作成している会社（報告企業）が主に活動している国と異なる経済環境で活動している子会社や支店等がある場合，これらの活動における機能通貨を決定する必要があります。その活動が，報告企業と異なる国または通貨に基盤を置いているまたは行われている子会社や支店等を在外営業活動体と呼びますが，在外営業活動体の機能通貨の決定には，報告企業の場合の決定要素以外に，報告企業との関係を考慮する必要があります。

　考慮する要因としては，在外営業活動体の活動が，かなりの程度で自律性をもって営まれているか，報告企業との取引が在外営業活動体の活動に占める割

合が高いか低いか等が挙げられます（IAS第21号第11項）。

（4）外貨建取引の計上（機能通貨に基づく計上）

決定された機能通貨と異なる通貨（外貨）で取引する場合，外貨建取引は，当初認識時に取引日における機能通貨と外貨との間の直物為替レートを外貨金額に適用して機能通貨で記録します（IAS第21号第21項）。

その後，報告期間の末日においては，次のように換算することが必要となります（IAS第21号第23項）。

① 外貨建貨幣性項目は，決算日レートを用いて換算

② 外貨建ての取得原価で測定されている非貨幣性項目は，取引日の為替レートを用いて換算

③ 外貨建ての公正価値で測定されている非貨幣性項目は，公正価値が算定された日の為替レートで換算

（5）連結財務諸表を作成するときの通貨

各活動体が，それぞれの経済環境に基づいて決定した機能通貨で会計処理を行い，それらの機能通貨が表示通貨と異なる場合，そのままでは報告企業は企業グループの連結財務諸表を作成することはできません。異なる通貨で記帳された財務諸表同士を合算，企業グループ内の内部取引を相殺および消去することはできないからです。

そこで，報告企業が連結財務諸表を表示するときの通貨を決定する必要があります。これを表示通貨といいます（IAS第21号第8項）。表示通貨をどのように決定するかについては規定がなく，報告企業がどのような通貨で連結財務諸表を作成する必要があるかに基づき判断することになります。日本企業であれば連結財務諸表の報告が求められる有価証券報告書では，円貨で表示することが求められていますので，通常は表示通貨は円貨となります。

表示通貨が決まると，各活動体が機能通貨で作成している財務諸表を表示通貨に換算することになります。機能通貨と表示通貨が同じであれば換算する必要はありませんが，両者が異なる場合に次のように換算する必要があります（IAS第21号第39項）。

① 表示する各財政状態計算書の資産と負債は、その財政状態計算書の日現在の決算日レートで換算

② 純損益およびその他の包括利益を表示する各計算書の収益と費用は、取引日の為替レートで換算

③ 結果として生じるすべての換算差額は、その他の包括利益に認識

Q5-20　IFRSに基づくJVの会計処理

　IFRSを適用した場合の，JV（ジョイント・ベンチャー）の会計処理について教えてください。

Answer Point 👆

- JVにおける当事者による共同支配が成立し，IFRS第11号「共同支配の取決め」の適用範囲に含まれるか否かを検討する必要があります。
- JVがIFRS第11号の「共同支配事業」に該当する場合には共同支配事業に関する自身の持分を認識し，「共同支配企業」に該当する場合には共同支配企業に対する投資について持分法を適用して会計処理します（以下における「JV」はQ5-1において解説した共同企業体を意味します）。

解　説

(1) JVに関する会計処理

　日本基準では，JVは個別の組織体として認識することなく，構成員各社の会計に取り込む形態となっています（監査・保証実務委員会実務指針第88号「連結財務諸表における子会社及び関連会社の範囲の決定に関する監査上の留意点についてのQ＆A」Q12）。一方，IFRSでは，このようなJVに関連すると考えられる基準としてIFRS第11号「共同支配の取決め」があり，IFRS第11号の適用範囲であるかどうかを中心に，どのように会計処理すべきかを検討する必要があります。

（2）IFRS第11号の適用範囲となるか

①　IFRS第11号の適用範囲

　IFRS第11号の適用範囲である「共同支配の取決め」とは複数の当事者が共同支配を有する取決めであり，次のような特徴を有すると定めています（IFRS第11号第5項）。

- (a)　当事者が契約上の取決めで拘束されている
- (b)　契約上の取決めにより，複数の当事者が当該取決めに対する共同支配を有している

　共同支配とは，取決めに対する契約上合意された支配の共有であり，支配を共有している当事者が，関連性のある活動に関する意思決定において常に全員一致で合意しながら，当該合意内容に基づいて当該取決めにおける事業を遂行する場合にのみ共同支配が存在します。したがって，共同支配の取決めにおける関連性のある活動に関して1人の当事者が意思決定し，他の当事者はその内容に従うだけといった状況の場合，または全員一致の要求が取決めの関連性のある活動に関するものでない場合には，当該取決めは共同支配の取決めではないのでIFRS第11号の適用範囲とはなりません。

②　日本のJVに関する考察

　関連する当事者間の合意内容に基づいてJVは形成されますが，たとえば，国土交通省が想定している（国土交通省が公表している共同企業協定書や，共同企業体における運営委員会規定に基づく）JVでは，

- (a)　共同企業体の運営に関する基本的かつ重要な事項は，各構成員を代表する委員各1名によって構成される運営委員会で協議決定する。
- (b)　運営委員会の議決方法は，原則として委員の一致による。

とされています。

　上記のように想定されるJVについて，IFRSに照らして，関連性のある活動が何であるかを識別し，その活動に関する意思決定が全員一致の合意を必要としているか等を検討して判断する必要があります。

（3）共同支配の取決めの会計処理

① 共同支配の取決めの種類

　共同支配事業とは，取決めに対する共同支配を有する当事者が当該取決めに関する資産に対する権利および負債に対する義務を有している共同支配の取決めをいいます（IFRS第11号第15項）。

　共同支配企業とは，取決めに対する共同支配を有する当事者が当該取決めの純資産に対する権利を有している共同支配の取決めをいいます（IFRS第11号第16項）。

　JVがIFRS第11号における共同支配の取決めに該当する場合，その会計処理を行うためには，まず，JVが「共同支配事業」と「共同支配企業」のどちらに分類されるのかを決定する必要があり，以下のステップに基づいて判断することになります。

　(a) 共同支配の取決めは，別個のビークルを通じて組成されているか否か

　(b) 別個のビークルを通じて組成されている場合には，

　　ⅰ）別個のビークルの法的形態

　　ⅱ）契約上の取決めの諸条件

　　ⅲ）該当がある場合，他の事実および状況

　次項からは，これらのステップに基づいて考えていきます。

② 別個のビークル

　JVは，構成員による共同企業協定書によって組成されます。日本においては，JVの法的性質については明確になってはいませんが，構成員が共同事業として行った場合の権利や義務は，民法における組合の規定に基づくと解されています。当該JVを，IFRSのいう別個のビークルが組成されたものと結論づけるには議論の残る論点となっており，個別に判断が必要となります。

③ 別個のビークルの法的形態

　別個のビークルが組成されていると仮定して考えると，次にその法的形態を検討する必要があります。②で触れたとおり，日本においてJVは民法上の組

合と解されるのが一般的です。

　民法上の組合と解した場合，構成員が共同事業のために出資した財産は組合
財産を形成し，組合員の共有となります。共有の財産ですが，その資産に関す
る権利は組合であるJVには帰属せず，構成員に直接帰属するとされています。
また，共同事業を行った場合の，その取引における債権者は，その権利を組合
員である構成員に対して直接行使することができる点から，義務も構成員が直
接負担しているとも考えられます。

　共同支配の取決めが，別個のビークルを組成している場合でも，その法的形
態から，権利および義務がその構成員に帰属していると考えられる場合には，
「共同支配事業」に該当するとIFRS第11号では規定しています。

　もし，別個のビークルの法的形態，契約上の取決めの諸条件，他の事実およ
び状況を検討した結果，共同支配の取決めに関する権利および義務が別個の
ビークルに帰属すると判断した場合には，「共同支配企業」に該当すると判断
することになります。

④　共同支配事業に該当する場合の会計処理

　JVが共同支配事業に該当すると判断した場合には，共同支配事業に関する
自身の持分に関して次のように認識する必要があります。

　(a)　自らの資産（共有資産のうち持分相当額を含む）

　(b)　自らの負債（共有負債のうち持分相当額を含む）

　(c)　共同支配事業から生じる産出物に対する持分の売却による収益

　(d)　共同支配事業により生じる産出物の売却による収益の持分相当額

　(e)　自らの費用（共同で負担した費用のうち持分相当額を含む）

　現在の日本基準では，Q5-2で説明したとおりJVの会計処理方法として以
下の2通りがあります。

　(ア)　JVを独立会計とする会計処理

　　　JVの勘定を企業の勘定から切り離し，JVを独立した会計単位として会
　　　計処理を行う方式

　(イ)　JVを独立会計としない会計処理

　　　JVの会計をスポンサー企業の会計に取り込み，会計処理を行う方式

　JVを独立会計とする会計処理の場合には，JVに対する自身の持分相当額のみを構成員である各企業の財務諸表に取り込んでいると考えられますので，IFRS第11号の共同支配事業の会計処理と大きな違いはありません。

　一方，多くの建設会社が採用していると想定されるJVを独立会計としない会計処理を，IFRS第11号が求める共同支配事業の会計処理と比較してみると，たとえば，構成員からの出資金のすべてをスポンサー企業の現金預金として，その他の企業はスポンサー企業に対する未収金として会計処理している場合には，それぞれの構成員が共同支配事業に対する自身の持分を計上するような会計処理が必要となります。

　なお，IFRSでは共同支配企業を共同支配する当事者（共同支配投資者）は，共同支配企業に対する持分を投資として認識し，その投資について持分法を適用して会計処理することになります。

Q5-21　IFRSに基づくPFI事業の会計処理

IFRSを適用した場合の，PFI（Private Finance Initiative）事業の会計処理について教えてください。

Answer Point

- PFI事業に関する契約の会計処理の検討にあっては，当該契約がIFRIC第12号「サービス委譲契約」の適用範囲に含まれるか否かも踏まえて，決定する必要があります。

解説

(1) PFI事業における論点

PFI事業とは，公共施設等の建設，維持管理，運営等を民間の資金，経営能力および技術的能力を活用して行う事業です。日本における多く企業は，特別目的会社を設立してPFI事業を遂行しているため，当該特別目的会社を連結するか否かを判断する必要があります。

IFRSでは，連結財務諸表に関する基準であるIFRS第10号「連結財務諸表」に従って連結するか否かを判断します。PFI事業を行っている特別目的会社を連結した場合に，PFI事業における論点として公共部門との取引をどのように会計処理するかが問題となります。

IFRSでは，PFI事業のように公共部門と民間との取引に関連する基準として，解釈指針であるIFRIC第12号「サービス委譲契約」があり，取引がIFRIC第12号の範囲に含まれる場合には，この解釈指針に基づいて会計処理する必要があります。

（2）IFRIC第12号

IFRIC第12号は，次のような官から民へのサービス委譲契約に関する営業者の会計処理に適用されます（IFRIC第12号第5項）。

① 営業者が社会基盤によってどのようなサービスを，誰に対して，どのような価格で提供しなければならないかについて，委譲者が支配または規制している。

② 契約期間の終了時点において委譲者が，所有権，受益権またはその他の権利を通じて，社会基盤に対する重要な残余持分を支配している。

上記を満たす契約の場合には，営業者は，IFRS第15号「顧客との契約から生じる収益」に基づき建設または改修サービスおよび運営サービスを会計処理する必要があります（IFRIC第12号第14項，第20項）。

営業者が公共サービスを提供するために施設を建設して当該施設を使用するような契約の場合でも，公共部門が当該公共サービスの価格の設定を支配または規制しており，さらに，契約期間の終了時点において公共部門が所有権等を通じて当該施設に対する重要な残余持分を支配している場合にはIFRIC第12号の範囲に含まれ，当該施設の所有権を保持していても自己の資産として認識できません。代わりに，建設サービスと引換えに委譲者から受け取る対価を，金融資産または無形資産もしくはその双方を認識することになります（IFRIC第12号第15項）。施設の建設または改修サービスについては，IFRS第15号に従って，別個の履行義務として識別されるか否か，および一定期間にわたって収益を認識するかどうかを決定することとなります。

（3）日本におけるPFI事業

日本における代表的なPFI事業の方式として施設の所有形態により，BOT方式とBTO方式があります。

BOT方式とは，「Build-Operation-Transfer方式」の略であり，民間の事業者が施設等を建設し，維持・管理および運営し，事業終了後に公共施設等の管理者等に施設所有権を移転する事業方式です。

BTO方式とは，「Build-Transfer-Operation方式」の略であり，民間の事業者

が施設等を建設し，施設完成直後に公共施設等の管理者等に所有権を移転し，民間事業者が維持・管理および運営を行う事業方式です。

　なお，日本においては，公共部門が民間の事業者に対して公共サービスの対価を支払うサービス購入型で運営されていることが多いため，サービス購入型を前提として説明します。

（4）PFI事業の会計処理

　IFRSでは，PFI事業がBOT方式，BTO方式のどちらであっても，施設の利用料金は公共部門によって規制され，契約期間の終了時点において，委譲者が社会基盤に対する重要な残余持分を支配する点から，IFRIC第12号の範囲内のサービス委譲契約に該当すると判断された場合には，施設の建設に関する収益をIFRS第15号で会計処理することになります。

　したがって，建設サービスが別個の履行義務として識別され，建設サービスに対する支配が一定の期間にわたり移転すると考えられ，工事の進捗度を合理的に測定することができる場合には，施設の完成までの期間にわたって収益を認識することになります。

　また，公共サービスの提供（運営サービス）に関する収益についても，IFRS第15号で会計処理することになります。

　なお，日本基準においては，実務対応報告第35号「公共施設等運営事業における運営権者の会計処理等に関する実務上の取扱い」が公表されており，公共施設等運営権を取得する取引等については，当該実務対応報告に従って会計処理を行います。

第6章

財務諸表の分析

ひとくちに建設業といってもその業態はさまざまです。広義の建設業には施主から直接工事を受注するゼネコン，ゼネコンから下請けするサブコン，サブコンからさらに下請けし，実際に工事を行う専門工事会社，プラントエンジニアリング会社，ハウスメーカー等の会社が含まれます。これらの会社は，同じ建設業でもそれぞれビジネスモデルは全く異なるため，財務諸表分析を実施する際にはそれぞれの業態ごとにみていく必要があります。

ここでは，建設業の代表的な存在であるゼネコンの財務諸表分析について解説を行います。

Q6-1 建設業の貸借対照表

ゼネコンの貸借対照表の特徴，分析を実施するうえでの留意点について教えてください。

Answer Point ✍ ....

- ゼネコンが顧客へ引き渡す成果物は，通常の製品等と比較して非常に高額であり，多額の売上債権（受取手形，完成工事未収入金），仕掛在庫（未成工事支出金）が計上されるため，流動資産の割合が大きくなります。
- ゼネコンが自ら機械等の設備を保有することは少ないため，不動産投資を行っている場合等を除き，有形固定資産残高は小さくなります。
- 顧客のほとんどが法人であるため，ゼネコンは，広告宣伝活動を積極的に行わない代わりに，顧客との関係の維持等を目的として株式を保有することが多くあります。
- 工事代金の入金よりも下請企業への支払が先行するケースでは，一時的な資金需要が発生することがありますが，基本的には多額の運転資金，設備資金を必要としない業種であり，借入れがほとんど必要ないビジネスモデルです。

（1）多額の流動資産

建設業の貸借対照表の特徴として，多額の流動資産が計上される点が挙げられます。ゼネコンが施主に引き渡すのはビルやマンション，トンネルやダム等，1件当たりの金額が高額なものであるため，ゼネコンの貸借対照表には多

額の売上債権（受取手形，完成工事未収入金）が計上されます。

（2）ゼネコンにとって，設備投資はほとんど必要がない

工事は屋外で行われるため，製造業と異なり，ゼネコンは工場を建設する必要がありません。また，工事で使用するクレーンや重機等の建設機械についても，かつてはゼネコンが直接保有していましたが，現在はリースで済ませてしまったり，専門工事会社が保有することも多いため，ゼネコンが最低限保有する設備は研究開発施設に係るもの等に限定されます。このため，ゼネコンの総資産に占める有形固定資産の割合は製造業と比較して低くなるのが通常です。

（3）ゼネコンは広告宣伝活動をほとんど行わない

個人の顧客を相手にするハウスメーカー等と異なり，ゼネコンの顧客のほとんどが官公庁や法人です。このため，ゼネコンは広告宣伝活動をほとんど行いません（マスコミとの取引関係を維持するためにCM等の広告宣伝を行うことはあるようです）。その代わりに，顧客との取引関係を維持するために，顧客の株式等を保有します。このため，小売業など，個人の顧客と取引を行う業種と比べて，ゼネコンの貸借対照表には多額の投資有価証券が計上される傾向にあります。

（4）ゼネコンは本来は財務体質が良好な業種

ゼネコンに限らず，顧客に物の販売や，サービスの提供を行う場合には，顧客からの入金に先行して原価の支払が発生するケースが多いと考えられます。この点についてはゼネコンについても同じことがいえますが，ゼネコンの場合，施主から前受金や中間金を受け取ることが一般的です。このため，前受金や中間金の割合にもよりますが，ゼネコンは，工事期間中においてもそれほど多額の運転資金を必要としません。もちろん，そうでないケースもあり，たとえば民間工事では工事代金の大部分が竣工後に支払われるようなケースもありますが，この場合に生じる資金需要も，工事が終了するまでの一時的なものです。

また，ゼネコンは多額の設備投資を必要としないビジネスモデルであり，施

工を行う人員を直接雇用することもほとんどありません。

　このように，ゼネコンは本来，多額の運転資金や設備資金を必要とせず，他の業種と比較して借入れが少額で済む業種であるといえます。

　なお，ゼネコンであっても，兼業事業として不動産開発等を行うような場合や，不良債権が膨らんだ場合等，借入れが必要となるケースもあります。実際に，バブル期の不動産購入やバブル崩壊後の不良債権の発生により，ゼネコン各社は多額の借入れを行ったという過去があります。このため，ゼネコンの有利子負債が増加した場合には，その要因について慎重に分析する必要があります。

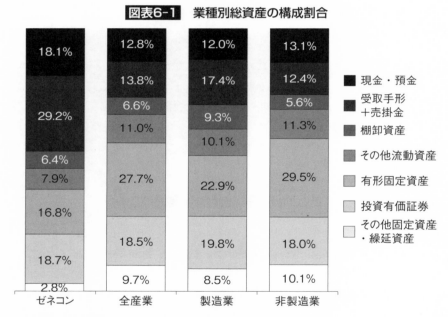

図表6-1　業種別総資産の構成割合

（注）端数処理の関係で，合計が100％にならない場合がある。
（出所：ゼネコンの数値は大手ゼネコン5社（鹿島建設，清水建設，大成建設，大林組，竹中工務店）の2017年度有価証券報告書に掲載されている連結貸借対照表より算定，その他の数値は財務総合政策研究所「法人企業統計年報」の2016年度数値より算定）

Q6-2 建設業の損益計算書

ゼネコンの損益計算書の特徴，分析を実施するうえでの留意点について教えてください。

Answer Point

- 受注高情報は，将来の完成工事高を予測するために有用な情報です。
- 受注生産を行うゼネコンでは，大量生産による規模の利益を得にくいため，利益率が低い業種であるといえます。
- ただし，近年は東日本大震災からの復興等による建設市場の回復を背景に，利益率が高い水準となっています。
- ゼネコンの外注比率は他の産業と比較して高水準にあります。
- ゼネコンの業績は，景気変動に対して柔軟であり，製造業などと比較して変動費の割合が高く，売上高が相当程度減少しても赤字になりにくい業種であるといえます。
- ゼネコンの販売費及び一般管理費率（販売費及び一般管理費が売上高に占める割合）は他の業種と比較して低いという特徴があります。
- ゼネコンの業績を分析する際には，工事損益見直しによる採算悪化や，工事損失引当金の動向にも留意する必要があります。
- 特定の大型工事が業績に大きな影響を及ぼすことがあるため，長期的な視点で分析を行う必要があります。

（1）完成工事高の先行指標である受注高情報

工事は，着工してから竣工するまでに数カ月から数年間かかることが多く，受注してから完成工事高が計上されるまでにはタイムラグがあります。有価証券報告書等で開示される受注高情報は将来の完成工事高の先行指標として非常に有用であるため，建設業の損益を分析する際にはその動向を把握する必要があります。

（2）受注生産であるため低い利益率

建設業は典型的な受注産業であり，一般的な製造業のように工場で同じ製品を大量生産することができないため，規模の利益を得にくいという特徴があります。このため，他の業界と比較して利益率が低くなる傾向にあります。ただし，近年は，東日本大震災からの復興や東京五輪関連施設の建設，大都市圏の大規模再開発等による建設市場の回復を背景に，利益率が高い水準となっています。

（3）外注比率が高い

重層下請構造となっている建設業において，元請会社であるゼネコンは工事の大部分を下請発注するため，外注割合が非常に高くなっています（図表6－2－2参照）。

（4）景気の変動に対して柔軟な建設業の損益計算書

ゼネコンは施工のために必要な設備や人員を自社で抱えるようなことはせず，通常は施工のほとんどを下請発注します。このため，製造業などと比較して変動費の割合が高く，景気の後退等により減収となったような場合でも，赤字になりにくいという特徴があります。

(5) ゼネコンの販売費及び一般管理費率は低い

　ゼネコンの損益計算書の特徴の1つとして，販売費及び一般管理費率（販売費及び一般管理費が売上高に占める割合）の低さが挙げられます。ゼネコンの販売費及び一般管理費率は通常，5〜6％程度となっています（財務総合政策研究所が公表している「法人企業統計年報」によれば，2016年度における製造業の販売費及び一般管理費率は16.9％となっています）。

(6) 工事損益の見直しによる採算悪化や工事損失引当金に注意

　工事契約会計基準が適用されてから，完成工事高の計上基準は工事進行基準が原則となりました。工事進行基準を適用した場合，工事が進捗した部分について，見込利益率により完成工事総利益（粗利益）が計上されますが，ある決算期で工事の採算が見直された場合，過去に計上済みの完成工事高に係る損益の調整が採算を見直した期の損益計算書に計上されることになります。さらに，工事が赤字見込みとなった場合には，工事損失引当金の計上が要求されるため，工事が進捗していない部分についても工事損失を計上する必要があります。

　このように，工事損益の見直しにより採算が悪化したときや，工事損失引当金が計上されるときには，過去や将来の損失が損益計算書に計上されることになるため，その動向には注意する必要があります。

(7) 建設業では長期的な視点で分析を実施する必要がある

　建設業は工事1件当たりの金額が大きくなることが多く，なかには100億円を超えるような超大型の工事を受注するケースもあります。このような超大型工事を受注した場合，その工事の採算の良し悪しが業績に大きな影響を及ぼすことになり，業績が一時的に良くなったり悪くなったりすることがあります。このため，建設業の損益計算書を分析する際には単年度での分析を行うのではなく，長期的な視点で分析を行う必要があります。なお，工事契約会計基準の適用前は，工事完成基準と工事進行基準が選択適用となっていたため，各社が完成工事高の計上基準としてどちらの基準を採用していたのかについても留意

する必要があります。

図表6-2-1　主要指標の比較

	ゼネコン	全産業	製造業	非製造業
売上総利益率	14.1%	25.3%	21.3%	26.9%
販売費及び一般管理費率	5.4%	21.3%	16.9%	23.0%
営業利益率	8.7%	4.0%	4.4%	3.9%
経常利益率	9.2%	5.2%	6.1%	4.8%

（出所：ゼネコンの数値は大手ゼネコン5社（鹿島建設，清水建設，大成建設，大林組，竹中工務店）の2017年度有価証券報告書に掲載されている連結損益計算書より算定，その他の数値は財務総合政策研究所「法人企業統計年報」の2016年度数値より算定）

図表6-2-2　大手ゼネコンにおける完成工事原価の内訳

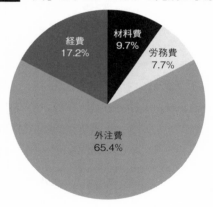

（注）労務費は，すべて労務外注費。
（出所：大手ゼネコン5社（鹿島建設，清水建設，大成建設，大林組，竹中工務店）の2017年度有価証券報告書より算定）

【監修者】
有限責任監査法人トーマツ　大阪事務所
　　城　　卓男　（公認会計士）
有限責任監査法人トーマツ　東京事務所
　　大村　広樹　（公認会計士）

【執筆責任者】
有限責任監査法人トーマツ　東京事務所
　　熊谷　和哉　（公認会計士）

【執筆者】
有限責任監査法人トーマツ
●東京事務所　　　　　　　　　　　●大阪事務所
　鏑木　康彰　（公認会計士）　　　　大中　真一郎　（公認会計士）
　田中　圭　（公認会計士）　　　　　櫻木　宏明　（公認会計士）
　柏村　卓世　（公認会計士）
　曽宮　啓介　（公認会計士）　　**デロイト トーマツ税理士法人**
　山本　毅　（公認会計士）　　　●東京事務所
　　　　　　　　　　　　　　　　　平野　泉　（税理士）

【執筆協力者】
有限責任監査法人トーマツ
●大阪事務所
　安場　達哉　（公認会計士）
デロイト トーマツ税理士法人
●東京事務所
　榎本　明　（税理士）

【著者紹介】

有限責任監査法人トーマツは，デロイト ネットワークのメンバーであり，デロイト トーマツ グループの主要法人として，監査・保証業務，リスクアドバイザリーを提供しています。日本で最大級の監査法人であり，国内約30の都市に約3,200名の公認会計士を含む約6,600名の専門家を擁し，大規模多国籍企業や主要な日本企業をクライアントとしています。詳細は当法人Webサイト（www.deloitte.com/jp）をご覧ください。

Q&A
業種別会計実務8・建設（第2版）

2013年 3 月30日　　第 1 版第 1 刷発行
2016年12月 5 日　　第 1 版第 5 刷発行
2020年 7 月 1 日　　第 2 版第 1 刷発行
2023年 4 月10日　　第 2 版第 4 刷発行

著　者　有限責任監査法人トーマツ
発行者　山　本　　　継
発行所　㈱中央経済社
発売元　㈱中央経済グループ
　　　　パブリッシング

〒101-0051　東京都千代田区神田神保町1-31-2
電話　03（3293）3371（編集代表）
　　　03（3293）3381（営業代表）
https://www.chuokeizai.co.jp
印刷／文唱堂印刷㈱
製本／誠 製 本 ㈱

©2020 For information, contact
Deloitte Touche Tohmatsu LLC.
Printed in Japan